U0327326

[德] 诺拉 · K.
[德] 维托利奥 · 赫斯勒 著
胡 蔚 译

不朽哲学家咖啡馆

女孩与哲学家的通信

生活 · 讀書 · 新知 三联书店

图书在版编目（CIP）数据

不朽哲学家咖啡馆：女孩与哲学家的通信／（德）诺拉 · K.（德）维托利奥·赫斯勒著；胡蔚译. —北京：生活 · 读书 ·新知三联书店，2022. 9

ISBN 978－7－108－07379－2

Ⅰ. ①不…　Ⅱ. ①诺…②胡…　Ⅲ. ①哲学－通俗读物
Ⅳ. ① B-49

中国版本图书馆 CIP 数据核字（2022）第 046084 号

责任编辑　李静韬
装帧设计　薛　宇
责任印制　张雅丽
出版发行　生活·讀書·新知 三联书店
（北京市东城区美术馆东街 22 号 100010）
网　　址　www.sdxjpc.com
图　　字　01-2018-4015
经　　销　新华书店
印　　刷　鸿博昊天科技有限公司
版　　次　2022 年 9 月北京第 1 版
2022 年 9 月北京第 1 次印刷
开　　本　850 毫米 × 1168 毫米　1/32　印张 9.75
字　　数　172 千字
印　　数　0,001－8,000 册
定　　价　65.00 元
（印装查询：01064002715；邮购查询：01084010542）

目 录

中文版序言 I

译序 III

前言 ...001

通信集 ...003

后记 儿童与哲学 ...247

结语一 我们这个世界的魔力 ...279

结语二 哲学对话是一种游戏 ...281

主要人物 ...287

中文版序言

我非常高兴地得知，《不朽哲学家咖啡馆》再次被译为中文，而且这次的翻译由一位优秀的日耳曼学者完成，她有一个与信中的诺拉同龄的儿子，他也参与了整个翻译过程。中国不仅是一个拥有悠久历史的伟大国家，而且也必将对我们居住的这颗行星的未来发挥决定性的作用。一个国家取得的经济成就无疑值得庆贺，但是单凭经济上的成功并不能为每一个聪慧敏锐的人提供人生意义的答案。《不朽哲学家咖啡馆》目前已经有十五种语言的译本，其中七种是亚洲语言，它取得的成功表明，聪慧的儿童——尤其是女孩——对于哲学问题的关注超出人们的想象。如果任由儿童的哲学天赋凋零，是对人类灵魂的犯罪。这本书中诺拉的部分远比我的部分要重要。当我 1993 年第一次遇见诺拉，立刻就意识到，在我面前站着一个有天赋的善良的孩子。我很高兴地看到，她现在已经为人妻、为人母，目前在英国积极投身于哲学研究和教学工作，还撰写了一部重要的哲学对话录《苏格拉底，何为爱？》，这本书已经被译成多种语言，很快也要被译成汉语。

我们当时的通信如果直到今天还能鼓励全世界的儿童，不要回避关于人类理性和灵魂的问题，我们将对此心怀感激。哲学的火炬传递到了今天这代孩子的手里，因为，他们敏锐的道德感决定了我们居住的这颗星球的未来命运。

维托利奥·赫斯勒

圣母大学，2021 年 10 月

译 序

《不朽哲学家咖啡馆》是当代哲学家维托利奥·赫斯勒最畅销的作品，自1996年首印以来，已经再版五次，被译成二十种语言。本书经常与挪威作家乔斯坦·贾德的世界级畅销书《苏菲的世界》相提并论，也正是《苏菲的世界》激发了十一岁的诺拉对哲学问题的兴趣和思考，由此开始了与赫斯勒长达两年的“哲学通信”。然而本书与《苏菲的世界》在一点上根本不同：《苏菲的世界》本质上是一本小说，十四岁女孩苏菲是虚构的人物，产生于作者贾德的头脑中，苏菲的哲学思考来自贾德的精妙想象力。而本书的两位作者赫斯勒和诺拉也虚构了他们与哲学家的相遇，无论是赫斯勒在一家位于德国西部埃森市郊外间滕赛忒区的咖啡馆里，在西班牙马德里的酒店里，在疾驰的高速铁路上，还是诺拉在周日清晨的教堂里，在放学回家的火车上，在家附近的公园里。然而，哲学家赫斯勒和少女诺拉是真实的人物，也就是说，《不朽哲学家咖啡馆》是发生在真实世界中的哲学通信，呈现了一个十一岁到十三岁女孩对于世界的认知、关切及其哲学思考的真实过程，是这部哲学通信集中最为纯粹珍贵的部分。

这部哲学通信也是一部哲学对话录。作为柏拉图研究专家，赫斯勒深谙哲学对话录对于揭示本质真理的作用。在他的《哲学对话录》中效仿柏拉图对话录来讨论心灵和肉体的问题。柏拉图对话录是一种独特的文学类型，柏拉图让苏格拉底与精选出来的同时代的名人，在一起讨论关于神与世界的不同问题。几乎所有对话的参与者在柏拉图对话录中出现的时间点上都已经过世。对话的场景被打造得惟妙惟肖，比如，苏格拉底的对话发生在监狱中、在盛宴上、在散步或徒步旅行时。这样一种演绎哲学的方式让读者或听众身临其境，真理不是教条般地训诫，而是出现在对话和质疑中，发生在寻找与摸索的过程中。

在赫斯勒和诺拉虚构的哲学对话中，哲学家与在柏拉图对话录中一样，超越了时空的限制得以相遇，不同时期、不同地域、不同信仰、不同立场的哲学家对一些重大哲学问题展开讨论。例如：奥古斯丁和笛卡尔讨论了“自由意志”问题；康德、韦伯和海德格尔同时出现在同一节高铁车厢里，对于“科学技术与社会伦理”发表了不同观点；黑格尔与克尔恺郭尔对于“信仰与理性”的问题争执不下；库萨的尼古拉与亚里士多德对于“矛盾律”有着不同的观点；马基雅维利和霍布斯聚焦政治中的“手段和目的”；波墨、黑格尔和约纳斯展开了关于善与恶的伦理学的讨论；等等。每一封信中每一位哲学家的出现及其观点的交锋都蕴含着赫斯勒深刻的哲学思考。作者别具匠心、巧妙生动地将哲学史上争论不休、悬而未决的大问题，通过咖啡馆这样的日常情境和通俗易懂的对话形式展现，并交给诺拉来去尝试解决。而诺拉的回信充分显示了一个儿童“内在灵魂的宏广”（华兹华斯《不朽颂》），天真和睿智不是反义词，儿童的好奇和敏锐往往为成人所不及。赫斯勒在书后附录的长篇论文《儿童与哲学》中指出，儿童的“游戏、想象和天真”是真正的哲学思考不可缺少的品质，他借康德之口指出儿童进行哲学思考的可贵和意义：“当孩子心中一旦感到道德律令的存在，他们的想象力就会指出我们尚未知晓的出路”。

本书的作者维托利奥·赫斯勒是国际知名的柏拉图、维柯和黑格尔研究专家。他天赋过人，25 岁就在德国图宾根大学获得了教授资格，现任美国圣母大学哲学讲席教授。赫斯勒并不满足于做一个书斋中的哲人，而是致力于成为对公众道德具有影响力的知识分子，在象牙塔之外，他参与了大量的公共讨论。赫斯勒于 1997 年发表政治哲学巨著《道德与政治》[①]，他在其中呼吁将道德作为哲学和政治的出发点，指出政治必然具有道德层面，使用伦理原则来约束贪婪、欲望和权力，否则政治就沦为权术。1990年他在莫斯科发表的演讲《生态危机的哲学》[②]富有预见性地指出了生态危机即将到来，人类应该重新思考人与自然的关系，他在汉斯·约纳斯《责任原理》中的学说基础上提出一系列崭新的关于生态危机的哲学主张，以道德观念的改变、经济措施和政治策略应对人类即将共同遭遇的生态危机。

《不朽哲学家咖啡馆》是赫斯勒践行道德哲学的方式，也是他哲学观点的集中表达，微言大义，洋溢着赤子之心和童真之趣，其对于哲学观点的普及和教化的功能不亚于赫斯勒的大部头著作。在欧洲，对于公众的道德教化是教士和神学家的任务，而在中国文化中，哲学家承担了教化民众的职责，赫斯勒认为自己对于哲学家的使命的认知与中国的儒家传统颇有共通之处。他自2013年起被任命为梵蒂冈宗座社会科学院院士，成为教宗智囊团中的一员，在天主教会内

---

① 赫斯勒:《道德与政治——二十一世纪的政治伦理基础》第一卷　规范性的基础，罗久译；第二卷　一种社会理论的基础，郑琪，张尧均译，商务印书馆，2021年。除注明“作者注”的地方，本书页下注均为译者所加。

② 赫斯勒:《生态危机的哲学——莫斯科讲演录》，邢长江译，生活·读书·新知三联书店，2021年。

部以学者身份致力于道德发展的促进，他笃信宗教信仰有利于国家的道德建设。赫斯勒在访谈中曾经指出，自己信仰的是一种非常开放和自由的天主教。他是受洗的天主教徒，八岁时应父亲的要求改上路德宗的宗教课程，大学期间学习了古典学和梵文，熟悉《可兰经》和印度宗教。后来回归天主教，是因为它符合赫斯勒本人的哲学信念。《不朽哲学家咖啡馆》中对于信仰和理性的问题有很多讨论，多次虚构了基督教、犹太教和伊斯兰教神学家的相遇和对话，赫斯勒以黑格尔之口表达了自己建立在理性基础上的宗教观："我们需要一个超越各种信仰体系的机制，能够允许我们讨论问题，这就是理性。"面对 20 世纪的信仰危机，多少罪行假借"上帝已死"之名而施行，他又假借尼采之口道出，"上帝只是假装死亡，以此来与人类进行一次实验（……）。他虽不在场，却又以神秘的方式在场"。

赫斯勒尤其对中国的文化传统充满期待，他认为欧洲所面临的物质主义泛滥、环境灾难的问题能够在中国的哲学传统中找到解决的方案。为此，他安排了一场大阿尔伯特和老子在雷根斯堡大教堂的谈话，在前往韩国的飞机上他又遇上了机翼上的孔子和庄子。大阿尔伯特曾经发现了古典哲学与基督教和解的可能，赫斯勒也相信，终会有人在我们的时代里将远东的哲学与基督教统一起来，在宗教对话的基础上建立人类共同的道德框架，整合人类文化的基本道德洞见，建立世界道德共同体，这是赫勒斯的愿景，对于21世纪的世界秩序至关重要。

翻译《不朽哲学家咖啡馆》最初是出于一个母亲的私心，当时犬子衡谦与书中的诺拉正好同龄，正是求知欲旺盛，充满奇思妙想的时光，我想以此多一个视角观察这个阶段的孩子，理解孩子的心事，陪伴孩子的成长。在我陆陆续续翻译本书的两年时间里，衡谦与书中的诺拉一起从好奇儿童长成了青春少年，对世界和自我的认知也变得更加丰富。衡谦是译作的第一位读者，尤其是在翻译诺拉的部分，我常常需要求助于他作为诺拉同龄人的语感，以避免带入成年人自以为是而不自知的腔调。经由赫斯勒的生动示范，我也得以与衡谦讨论关于信仰和理性、理智和情感、道德和政治、历史和进步等大问题，大多数情况下，是我洗耳恭听，并由衷赞叹。这是一段美好而又珍贵的共同成长的经历，我也由此体悟到哲学并非书本里的僵化理论，而是一种以道德为出发点，关注理性和心灵的均衡，反思自省、充满勇气的生活方式。这是一种古典的生活态度，在这个忙碌迷惘的时代里，往往需要经由孩子的天真无畏而唤醒。

与这本书的相遇，是一种美好的体验，拓宽了我的视野和心灵，关注生命更为本真的意义，相信这本书在中文读者中会遇到各种年龄的知音。感谢北京三联书店李静韬女士的翻译邀约和编辑工作，她不仅促成了本书与中国读者的相遇，而且参考《中国大百科全书》和弗兰克·梯利的《西方哲学史》为人名索引中的哲学家作了编注。正在柏林洪堡大学攻读德文系博士学位的王一帆女士完成了人名索引的编辑整理工作，在此一并感谢。

胡蔚

北京，2021 年 10 月

前 言

这本书是我和诺拉的通信集，我们的通信是这样开始的：诺拉对哲学问题感兴趣很久了，她在十一岁生日时得到了礼物：乔斯坦·贾德的《苏菲的世界》。她怀着巨大的热情阅读了这本书，并因此产生了更多的问题。因为她知道我是哲学教授，便常常在我去她家做客时向我提问。比如在我们开始通信之前，她向我提出这样一个问题，柏拉图关于恐龙的理念（Idee）是否在恐龙这个物种的最后一个成员灭绝之后还存在——这是一个原创性的问题。我试图向她解释，为何关于恐龙的理念不会在个体消失之后依然存在。这个解释看来让她满意，由此也有了我们之间彼此称呼的昵称“恐龙诺拉”和“恐龙理念”。为了表达对她提出这个问题的赞赏，圣诞节时，我寄给她一块恐龙形状的杏仁巧克力。她回赠了一张明信片表示感谢，我们的通信就这样开始了。

通 信 集

亲爱的维托利奥：

非常感谢你送来的杏仁巧克力恐龙！！！我太喜欢它了。它现在立在我的床头柜上，这样我就可以随时随刻看到它了。

遗憾的是，你送来的书，我只看了几页，等我读完手头另外一本书，我再来读你送的这本。

正在看的这本哲学书，我正读到中世纪，非常精彩的一段历史。历史课上，我们正好在研究古希腊的妇女形象。亚里士多德对于女性的看法简直糟透了，让人愤怒。

你的诺拉

埃森，1994年1月27日

亲爱的诺拉：

非常感谢你寄来的卡片，真漂亮，我很喜欢。你真是一个有自制力的孩子，没有立刻把恐龙杏仁巧克力一口吞了。它只是一个摹本，不是一个不朽的理念……

你对亚里士多德的批评让我久久不能释怀，因为我既欣赏你，同时也看重亚里士多德，我陷入混乱的情感。怀着这种情绪，昨天黄昏时分，我穿过埃森市的间滕赛忒区，来到一条偏僻的小路上，之前我从未来过这里。在这里，我看到了一家"不朽哲学家咖啡馆"，我喜欢这个名字，就走了进去。我原以为里面不会有什么顾客，谁会来名字这般古怪的咖啡馆呢？当我发现里面坐得满满当当的时候，吃了一惊。顾客几乎全是男性，仅有个别例外。

我在一张小桌子旁坐下，向同桌的一位长者点点头，他独自坐在那里（没有空桌了）。老实说，这位老先生，还有另外几位先生，我都觉得似曾相识，但无法准确判断到底是谁。坐在对面的这位先生留着短胡子，嘴唇线条清晰有力，额头高高隆起。他穿戴入时，目光却不似我们这个时代的人。我有些尴尬地看着他，虽感到冒昧，但最后终于按捺不住，开口问道："不好意思，打扰您，我确定我们见过面，但我记不得您的名字了。我是赫斯勒，很荣幸认识您。”“亚里士多德，我也很高兴认识您。”他随口回答，显得有些心不在焉。

我有这样的奇遇，你不会感到惊讶。如果不是早已习惯“哲学里一切皆有可能”，我定然不会相信眼前所发生的一切是真实的。不出意外，现在我也认出了坐在咖啡馆里的其他几位先生——坐在台球桌旁的一位小个子男人，显然就是康德，他正与一位威严的主教谈话，康德一直称呼他“亲爱的安瑟伦”，他们讨论着主体性问题。一位戴着礼帽的腼腆的年轻人现代装扮，他正试图向一位眼神深邃、老成持重的男子解释，“主体性便是真理经过理性通往信仰的道路”。

真是特别幸运，我恰好坐在了亚里士多德旁边。“您知道，”我对他说，“我读了很多您的书，被您的思想折服，但我认识一位年轻女士，您对女性的看法让她有些不快乐。”

“您说的这位年轻女士不会就是‘恐龙诺拉’吧？”

“没错，难道您也认识她？”

“哦，我没有见过她，但在我们这家咖啡馆里，好观点总是很受重视，我们总是很快就能知道有哪些好观点出现了。我原本认为物种具有稳定性，但是物种灭绝既然可以成为反对我的老师柏拉图的有力论据，我就与达尔文站到了一起。诺拉的观点让这家咖啡馆里的人结成了新的同盟。”

“不过，您恐怕先得因为您对女性的看法向她道歉。”

“好吧，好吧，”亚里士多德说，“我很乐意，我现在就道歉。但您也得告诉她三件事情：第一，我没有否认过女性有灵魂，虽然有的人这样认为——在我的观念中，连植物都是有灵魂的。第二，我们都是我们时代的孩子——事实上我关于奴隶的观点，更让现在的我脸红。但是话又说回来，在我们成长的时代中，蓄奴是理所当然的事情。女性不上学，不去关心恐龙的理念，也是很自然的事情。这样就不难理解为什么我会持有这些观点。第三，我还想提醒您和‘恐龙诺拉’，几百年后，你们也会因为你们现在的某些观点而感到尴尬。请对一位古希腊的老人多一点宽容吧！”

“您说得当然对，”我回答说，“我们极为推崇您和您的老师柏拉图。”（这句话让他有些恼怒，可惜我发觉得太晚了。）“请允许我马上写信给诺拉，告诉她我们的谈话内容。”

我起身离开，还没走到咖啡馆出口，就又碰到了一个男人，他冲我挤了挤眼睛说：“诺拉有着强烈的质疑精神，她不会相信您说的话。如果真是这样，您就直接问她，如果你认为我是在做梦，那么你真的能够区分现实和梦境吗？如果她要说上帝不是骗子，您就告诉她，有时候上帝是为了真理之故而设下骗局。”

“非常感谢，笛卡尔，我就用您说的话来结束我给诺拉的信。”

诺拉，既然这样，今天我就写到这里吧。

致以问候！

你的维托利奥

1994年1月30日

亲爱的维托利奥：

你的来信非常有趣，非常感谢！现在我对亚里士多德的女性观有了更深入的理解。你下次去“不朽哲学家咖啡馆”，可以转告他，我接受他的道歉。但是请你也告诉他，他虽然生活在过去，但是也可以向柏拉图学习，柏拉图的女性观本质上就要正面得多。另外，亚里士多德知道狄奥提玛吗？是她启发苏格拉底获得了一个重要的哲学发现。她就是一位女性！

遗憾的是，你在咖啡馆没有遇见柏拉图。如果他在的话，你一定会更乐意与他交谈的，不是吗？他的脸部线条一定比亚里士多德的要柔和。

梦境与现实是两个不同的世界。梦境是幻想和思想的世界，两者混合在一起会出现一些来自内心的东西。现实在我们看来是现象世界：科学、历史和语言都是如此。但是，我们是否就真的了解整个世界呢？我们对于上帝几乎一无所知，但是，虽然如此，他还是在那里。所以，我们所生活的现实世界是不完美的，就和梦境一样，梦境同样也是模模糊糊的。人们有时候能够从梦境里学到些什么，有时候也能从现实世界里学到些东西。梦境和现实或许可以帮助我们迎接即将到来的、尚未被认识的新世界。

我没有完全理解笛卡尔最后对我说的话：“有时候上帝是为了真理之故而设下骗局。”

我长大以后，也许会去这家咖啡馆。前几天，我穿过一个花园时，一个小个子男人朝我走来。我想休息一会儿，就在一把长椅上坐下。这位先生似乎也打算歇一会儿，就在我身边坐下。过了一会儿，他与我攀谈起来，谈话的内容包罗万象，尤其与“理念”相关，这让我很感兴趣。遗憾的是，他只有半个小时时间。他得去一家“不朽哲学家咖啡馆”，去会会那些已经去世，却还活着的哲学家。我那个时候还不知道这家咖啡馆的存在（我还没有收到你的信）。我就问他：“快告诉我，这个奇特的咖啡馆在哪里？我还从来没有听过这个名字呢！”

他回答我说：“我还不可以告诉你咖啡馆的地址，如果你想知道，你得自己去找。祝愿你能够成功！也许我们可以在那里会面？！”说完，他就急匆匆地离开了，连“再见”也忘了说。

今天回想起来，我应该是遇到了柏拉图。谁知道呢？没准儿有一天我真的可以和你一起踏入这家“不朽哲学家咖啡馆”，见到那些已经去世却永远活着的哲学家。

致以问候！

你的诺拉

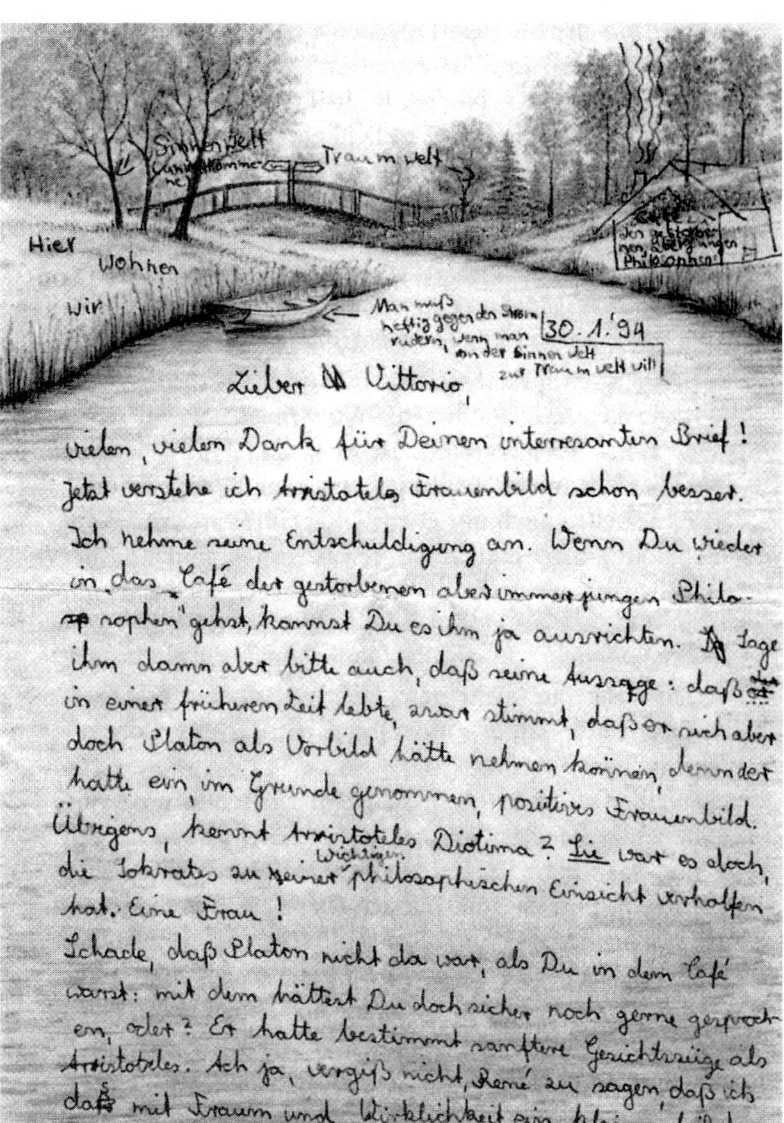

30.1.'94

Lieber Vittorio,

vielen, vielen Dank für Deinen interresanten Brief! Jetzt verstehe ich Aristoteles Frauenbild schon besser. Ich nehme seine Entschuldigung an. Wenn Du wieder in das „Café der gestorbenen aber immer jungen Philosophen" gehst, kannst Du es ihm ja ausrichten. Sage ihm dann aber bitte auch, daß seine Aussage: daß er in einer früheren Zeit lebte, zwar stimmt, daß er sich aber doch Platon als Vorbild hätte nehmen können, denn der hatte ein, im Grunde genommen, positives Frauenbild. Übrigens, kennt Aristoteles Diotima? Sie war es doch, die Sokrates zu seiner wichtigen philosophischen Einsicht verholfen hat. Eine Frau!

Schade, daß Platon nicht da war, als Du in dem Café warst: mit dem hättest Du doch sicher noch gerne gesprochen, oder? Er hatte bestimmt sanftere Gesichtszüge als Aristoteles. Ach ja, vergiß nicht, René zu sagen, daß ich das mit Traum und Wirklichkeit ein kleines bißchen verstanden habe, etwa so: ⟶

又及，我试图在这封信第一页上画出梦境和现实世界的差别，当然，我自己对此也还不是很清楚。

埃森，1994年2月3日

亲爱的诺拉：

你的来信如同一块小石头，在咖啡馆里激起了千层浪。甚至连亚里士多德都认为，他必须纠正自己的女性观，而且他的儿童观也因此有所改变。因为你还是个孩子，却能够有这么美妙的思考，这也证明了，哲学不是只属于成人的。一位看上去很敏感、很容易热泪盈眶，在我看来过于脆弱的先生，甚至按捺不住地大声说：

“你们为孩子也能进行哲学思考而感到惊讶？真相是，真正的哲学思考只属于儿童。你们知道为什么吗？‘恐龙诺拉’那幅漂亮的画暗示了这一点。首先，她在画中把我们的咖啡馆从喧闹得可怕的城区间滕赛忒移到了森林中，似乎在说‘回到自然’，就像在验证我说过的话。她难道不聪明吗？（老实说，对他这个说法，我有些不满，不是因为他说你聪明，而是因为他觉得你聪明是因为你和他的想法一样。如果你的观点和他不同的话，他又会怎么说？嗯，哲学家中似乎也不免会有虚荣的人！这个家伙非常自恋，我一眼就看出来了——他缺乏亚里士多德那种清晰而理性的脸部线条。）其次，诺拉还写道，我们要渡过一条河流，必须竭尽全力，逆流而上，才能到达哲学的彼岸。那条将我们的居所（人类的居住之地，我们居住过的地方）和哲学分隔开的河流，又是什么呢？那就是生活，生活里到处是急流和深渊。随着我们年龄的增长，生活的激流会变得越来越宽，越来越难以跨越。然而在河流的发源地，人们却可以轻而易举地一跃而过，连一只小舟也用不上，诺拉离开她人生河流的发源地还不远。人类只有在童年时期才会真正进行哲学思考。——啊，早知道如此，我就不把我的几个孩子送进孤儿院了！他们也许会给我带来许多灵感，我就能成为一位更好的哲学家……”（真受不了他那副自恋的嘴脸！）

“儿童之友”这段激情澎湃的发言结束后，咖啡馆里沉默了好长一段时间。最后，一位长者起身说话了，只见他蓄着黑色长须，眼眶深陷，有一个巨大的鹰钩鼻。

“卢梭，你总是喜欢夸张，不管是在说重要的事，还是说起旁枝末节的小事。也许你是想要讨好诺拉，但是，她其实根本不会喜欢你说的话。因为可怜的诺拉和所有人一样会变老，不会永远是孩子。只有我们是例外，我们虽然死了，却拥有永恒的生命。如果她听了你的话，预感到未来的生活将是一地鸡毛，那岂不是很糟糕？但有一点你说得很对：生活的洪流会越来越宽，也越来越难以跨越。当然，我们的力量也在增长，我们希望肌肉增长的速度比急流更快。当然，不可能所有人都可以做到这一点，也许只有少数人会成功。剩下的人只会距离哲学越来越远，即便他们在童年时期距离哲学并不远。女士们、先生们，当然，这也并不是毫无例外——不然我们就也得是孩子才行，我们不过只是永远活着。我们中间没有一人是孩子，我们真的也不希望，诺拉这么快就成为我们中的一员。”

“上帝保佑我们！”一位优雅而睿智的女士发言了。“即便作为客人，她也不能马上加入我们，她还得写许多许多信才行。因为梦寐以求的东西不能得来太容易，不然会让人沮丧，大部分人都会是这样，如愿以偿的人也许要比那些没有获得成功的人更不幸——因为至少他们还有追求。”

“狄奥提玛！”我不禁大喊，“我终于见到您了！我从此再也不怀疑您的存在！粗暴的大男子主义者总是宣称，您虽然是最有名的女哲学家，但您是被一个男人虚构出来的幻象。现在我终于亲眼看到了您，您是真实存在的。”

“可怜的人，”她回答道，“你只相信眼见为实。难道你没有理解诺拉的信吗？要不就是你比她更不懂笛卡尔？至少她还追问了那句话的意思，这表明她意识到，自己并没有理解笛卡尔的话。而你这虚荣的人自以为是，自以为什么都懂，其实要比她更无知。如果上帝可以为了真理之故而撒谎，违背了现象世界的真实，为的是让我们认识到更深层的真理，为什么柏拉图不可以虚构一个狄奥提玛，为的是揭示一个真理，即女性也可以进行哲学思考？虚构之物也是存在的，存在于人的观念中，它无论如何都不是虚无。”

我已经晕头转向，在咖啡馆里寻找柏拉图，希望他能帮我解开这个谜。狄奥提玛似乎看出了我的想法：“我们不会让你这么容易找到柏拉图，获得答案，他很少来这里。他喜欢深居简出，在公园里和四周东游西逛。我给你个建议，让诺拉把她与柏拉图的谈话内容更加仔细地告诉你，尤其务必请她对以下这个问题发表观点：‘当所有的恐龙，甚至所有可以思考恐龙的人都死绝之后，恐龙的理念是否还存在？’——这当然是一个难度较大的问题，从我这里你不可能获得答案，因为人们只有自己找到答案之后，才能真正理解问题。我只是认识的助产士，而不是认识的母亲。”

听了这番话，我一方面有些糊涂，也有些失望，另一方面，这也就意味着，我应该期待你的下一封来信。

致以真挚的问候！

你的维托利奥

亲爱的维托利奥：

非常感谢你的来信，我非常高兴，很高兴我的第一封信在咖啡馆里引起了这么大的动静。可惜最近我的父母不允许我在公园里东游西逛，所以我还没有再次遇到柏拉图。

但我记得第一次见面时他问我："你有过一个自己创造的理念吗？"

我思考了片刻，说道："是的，有一次我们在宗教课上学习寓言。家庭作业是让我们自己写一个寓言，我就创造了一个寓言。"

"哦，寓言！寓言非常非常重要，"他轻声说，"我自己就很喜欢用寓言说明观点，人们可以通过寓言更好地理解理念！比如，把人类比作洞穴里的影子，是洞穴外光线的投射。"

"什么？"我愤怒地跳了起来，"我们是影子？我们难道不是地球上最高级的生物吗？我们不是影子！"

"正因为我们是生物（Kreatur），我们便是某种影子。'生物'这个词出自拉丁文 creare，即创造。我们是被创造的。也就是说，是某人有了个想法，把我们创造了出来。你能理解吗？"

"好吧，这真是挺难理解的。"我承认。

然后他又问我：“为什么你认为我们是地球上最高等的生物？”

我想了想说，“因为我们有一个能够认识上帝的灵魂。”

“正确！也就是说，我们人类分成两部分，一半是精神，正如你所说，我们有精神，得以认识上帝，感受到喜悦等；另一半是现象世界中的肉体。两者都是来自一个理念：我们生存依赖的肉体是一个理念，上帝的气息是第二个理念。上帝将气息呼入我们身体内部，给了我们属于他精神的一部分。他如此作为，是为了让我们有朝一日能够认识世界。动物没有获得上帝赋予的这种精神，植物也没有。但是关于动植物的理念非常重要，极为重要。原因么，你在植物学或化学课里会学到。”

“但这与影子又有什么关系呢？”我不耐烦地问。

“有关系，我们是‘灵肉二分论’这个理念的影子。因为上帝有了‘我们’的理念，我们才有了生命。我们是‘人类’这一理念的产物。每一种生物，或者非生物，比如石头，都是一个理念的产物。”

“那么就是说，如果我有一个理念，这并不是我的理念，而是之前就已经存在的理念？”我有些激动。

“这是一个很难回答的问题。遗憾的是，我没有时间向你解释了。但你可以请教我的朋友维托利奥，也许他可以回答。”

说完，他就走了。从那以后，我的问题一直没有得到回答，你可以给我答案吗？

再次回到恐龙的话题。我想，恐龙的理念在我们人类灭绝之后依然会存在。可惜的是，那时候再也没有人能够认出这个理念。因为动植物没有被上帝赋予精神，也就没有认识的能力。但那个时候，还会有遗物存留，如恐龙骨头，让人知道有理念的存在。只不过，恐龙的理念不存在在地球上了。

另外，你也可以告诉狄奥提玛，我相信她是存在的。她终究也是一个理念，即便我不知道，这一观念是源自上帝还是源自柏拉图。有些东西虽然我们看不到，也还是存在。

那位把自己孩子送入孤儿院的“儿童之友”真够可以的！他可得好好反省。

咖啡馆里也来了自然哲学家吗？比如赫拉克利特，或者是阿那克西曼德。

你知道我还特别喜欢哪位哲学家吗？那就是奥古斯丁。

希望很快收到你的回信。

致以问候！

你的诺拉

又及，下封信可否把字写得更清楚些，我几乎看不懂你的字。

埃森，1994年2月15日

亲爱的诺拉：

我刚走进咖啡馆，勒内·笛卡尔在门口就与我攀谈起来。“诺拉带来了什么新消息？”他把我引到一个小桌旁坐下。我把你的信给他，他读得非常仔细，读到你对那位把孩子送进孤儿院的“儿童之友”的评价，还有些幸灾乐祸：“这可不能让卢梭读到，不然这家伙会哭，或者癫痫发作晕倒。诺拉知道得真多。这段历史是那个老家伙公之于众的。”他用目光（用手指人是不礼貌的）让我注意坐在角落里的一位目光狡黠、满脸皱纹的老人。“现在连孩子们都知道这事了。亲爱的，哲学家并不总是按照他们宣讲的哲理生活，那边那个长着大眼睛和大鼻子的家伙说过，方向牌自己是不会走路的。情况有时候甚至会是这样的，伦理学家是为了弥补自己的道德缺陷，发展出一套关于孩子的新理论，为的是弥补自己对孩子的愧疚。诺拉可以不必担心，并不总是如此！如果哲学家都是这种人的话，我们的俱乐部就成一个‘恶人帮’了。”

“我不无嫉妒地发现，诺拉对柏拉图特别感兴趣。你不必四处张望，他今天也不在。别乱看啦，我可不爱说谎，柏拉图很少出现。也许他正在公园里找诺拉。可怜的柏拉图，他还不知道诺拉父母严厉的禁令。但她父母显然是犯了一个错误：因为人们尤其喜欢违抗禁令，他们这种做法正好把孩子推入了柏拉图的怀抱。或者这正如他父母所愿？他们特别狡猾，禁止孩子却暗中希望孩子违抗命令，希望诺拉继续全力研究哲学？最不好揣度的莫过于人心！好吧，我们终于讲到正题了。在我看来，'理念'这一词可以有完全不同的意思。我认为，'理念'发生在我们的意识中，我们的意识又与物质世界不同。我曾经将前者命名为 *res cogitans*（思想之物），将后者命名为 *res extensa*（广延之物）。今天我也许会使用其他概念，因为将意识命名为'物'，显然不是很妥当。而情感、思想、痛苦也与可以测量的物理之物和身体之物完全不同。"

"等一下！"我打断了他，"痛苦是肉体的。我的意思是，不是所有的痛苦都是肉体的，比如良心之痛不是，但牙痛就是。"

笛卡尔久久看着我，然后意味深长地笑了。"的确，人们一直是这么认为的，准确地说，直到我出现。我证明，牙痛属于意识世界。因为牙齿自身，神经发炎——这一切都是肉体。但是，发炎会引发痛苦，这里面发生了新情况。一个失去意识的人，牙疼的时候也不会感觉到疼痛。你知道什么是幻肢疼痛？"

"不是很了解。"

"难以置信的是，有些失去了一条腿的人（比如，因为他们抽烟过度），经常会感到可怕的腿疼——即便这条腿已经不在了！因此，腿疼也属于意识世界。”

“现在，我的意识世界对于我来说直接存在，因为我知道，我现在口渴。”

笛卡尔叫过来一位侍者，为我们点了矿泉水。

“非常感谢，笛卡尔，但是，你怎么知道我渴了呢？我也可以是一架机器，没有内在的感受，只是受到程序的控制会说‘我渴了’，即便其实我一点儿都不渴。”

“的确，这是肉体和灵魂二元论中的一个大问题。因为诺拉学过拉丁文，她一定也知道，什么是‘二元论’。她的画本质上也是二元的：她区分了实体——比如人们可以看到的树和鸟——和我们内心深处的感受。人们可以看到心脏，但是感受看不到，因此诺拉画了个圈。事实上，问题在于，我从何得知，在实体背后隐藏的是意识还是灵魂呢？（‘在……之后’是一个会让人产生误会的表达，因为这里不涉及空间关系，空间始终属于实体世界。无论是我走到你身后，打开你的身体；还是我把自己变小，进入你的大脑，我都无法找到你的灵魂。）关于动物的问题让我头疼——我那时认为动物是机器，现在受到了所有动物保护者的谴责，我几乎不敢上街了。而柏拉图倒好，还能大大咧咧地在公园里和小姑娘说话……”

“嗯，我想，诺拉也不会喜欢你的动物观。另外，她还认为理念是比意识更广义的概念，我认为这个想法是有道理的。”

“是的，她完全正确，”一个戴着主教礼帽的先生慢慢向我们的桌子踱步过来，“柏拉图将理念独立于躯体和意识。只有那些可怕的现代哲学家才将理念当作主体意识。今天人们上理发店，让理发师剪掉‘一个理念’那么长的头发。‘理念’显然意味着‘极少’，这是一个没有理念的时代！”

“谢谢，奥古斯丁，下次我们再谈这个问题。现在我得走了。笛卡尔，谢谢你的矿泉水。它滋润了我的躯体，也滋润了我的 *res cogitans*（思想之物）！”

“要是我，就不会请你喝一杯水，而要来一杯‘不确定者’（*Apeiron*）开胃酒（Aperitif）！”一位高贵的先生向我喊道。“我可不是泰勒斯！”

这位是谁？我存在（或者我自认为存在）。

你的朋友维托利奥

都灵，1994 年 2 月 20 日

亲爱的诺拉：

在你回复我的邮件之前，我要发给你一封完全不同寻常的信。我迫不及待地要写信给你，是因为我想和你说的事情是如此重要。昨天下午，我到了都灵，把行李放到一家漂亮而又有些老派的酒店之后，便沿着波河散步。在那里，我碰上了一个奇怪的中年人，上唇留着蓬松的胡子，一张聪明的脸似乎老是在沉思，这张脸也许可以这样描绘：深深的皱纹显得非常痛苦，皱纹上却浮现出从容又明朗的微笑。这位先生正在抚摸一匹马，不知道这匹马为何会出现在岸边。当我从他身边走过时，他非常友善地向我点头，显得非常惊讶："你到都灵来干什么？"

"对不起，我们认识吗？我的记性越来越不好了。我不记得我们最后一次见面是什么时候了，但是，我记得我见过你。"

"别这样拘谨，年轻人。我们并不真正认识。您的尊姓大名我也不记得了。我只知道，您是'恐龙诺拉'的笔友。"

"哦，我想起来了。您不久前也在间滕赛忒区的咖啡馆，与我们的座位隔着几张桌子。但是，您到这里来干什么？"

“我在追忆往事,想想事情。另外,我也很喜欢马。”

“这里有这么多的教堂，亲爱的尼采，不会让您不快吗？”

“正相反。随着年龄的增长，我对上帝老爷子也有了更深的认识。原来我认为，上帝已死，我自以为有责任为上帝颁发一张哲学死亡证明。我原以为，这样会帮助人类解放自己。现如今，当我可以用鸟瞰的视角俯察这个古怪而又残酷的20世纪时，当我看到，有多少罪行借我的名字而行，我的想法又有了变化！而今我终于理解了，上帝真是个高明的艺术家，他只是假装死亡，从这个世界里抽身而去，为的是要与这个世界进行一场可怕但又不得不为之的实验。他虽不在场，却又以神秘的方式在场——我们对他的认识比之前更加深入了！”

“这听上去是个悖论。”

“当然，这不好理解。你知道吗，只有一个孩子可以帮到你。”

他朝我挤了挤眼睛，就又回转身去，喂他的马吃糖果。我完全被搞糊涂了，在经过一个不眠之夜后，我想问：你知道他想说什么吗？请告诉我，因为对我来说，这很重要！

你的维托利奥

1994年2月25日

亲爱的维托利奥：

谢谢你的两封来信！抱歉，我回信迟了，但上周我的确非常忙碌，我先尽可能回答你的第一封信。

我得到了一个问题：动物真的没有灵魂吗？这不也正是勒内·笛卡尔的问题吗？他得出的结论是，动物没有灵魂，是不是？我不知道该怎么回答，我在我家的狗身上还是发现了很多特征是指向有灵魂的。比方说：它可以感受到快乐、痛苦和悲伤（当它吠叫的时候），它也会想家。但这并不是灵魂的所有特征，还需要有爱或者理智。哦，对了，我想起来了，动物也是有些理智的，因为动物妈妈照顾自己的孩子时也是非常温柔的，也会批评管教它们的。也许动物也有动物灵魂，或是半个灵魂，你认为呢？快乐属于意识吗？也许动物只有意识，没有真正的灵魂？也许动物会有认知？！但是有一点你可以告诉勒内·笛卡尔，动物一定不是电子计算机！

还有泰勒斯，你一定会捐给他一个水杯，因为他认为水是万物的本体。但那个说到开胃酒的人是谁？开胃酒前面那个词我不会读，妈妈也不会。

对了，我还要告诉你一件事。不久前的一天，我和往常一样放学后去火车站，在站台上等回家的火车。

我百无聊赖地坐在椅子上，等火车实在是很无聊的事啊。但很快有趣的事情发生了：一条腿从一棵树上垂下来！多好玩！一时间我好奇心爆棚，兴冲冲地跑到那棵树下。我发现，这条腿属于一个身体，一个人！啥时候成年人坐到了树上，望着北方，做起了白日梦？惊讶之下，我忘记了礼貌，脱口而出："嗨……"

没有回答。

"嗯……您在树上干什么？"

"哦，"他微微欠身，"对不起，我根本没看到你！"

当发现只不过是一个十一岁的孩子站在面前，显然他舒了一口气："是的，我喜欢坐在树上，因为这里距离天空更近！这里比地面更适合想象和认识其他的世界。遗憾的是，我无法认知比其他世界更多的东西。也就是说，我无法看到它们，但我确信，它们存在于某处。"

我很好奇："看不到的东西还看什么？"

"我想找到生成万物的本原！但是遗憾的是，生成者从未记录造物本原，我也无法感知到造物本原。"他叹息道。

这时，我才发现，他穿着打扮有些古怪，一件罗马式的长袍和一双绑带凉鞋。当他又说到造物者和生成物的时候，我恍然大悟：这位一定是阿那克西曼德！他也似乎意识到了什么："我是在和'恐龙诺拉'说话吗？"

“您有可能是对的！”我故意学他说话的方式。

他看了眼手表：“哦，我的火车五分钟后要开了。我得走了，也许我们可以通过维托利奥·赫斯勒继续交谈！再见，诺拉！”

“再见！”我应声答道。然后，他离开站台，向相反方向走去。

回头见！

你的诺拉

又及，现在我知道“开胃酒”（Aperitif）之前的那个词了，“不确定者”（*Apeiron*）！爸爸会希腊文，他认出了这个词，又解释了它的意思。我自己也去查了百科全书。我们相遇的时候，阿那克西曼德一定也想说这个词，他说的是“生成万物的本原”，也许他知道我不会说希腊语。另外，我觉得很巧的是，当我遇到阿那克西曼德时，你正好也写到了他。你是不是也觉得这有些奇怪？

第二封信

1994 年 2 月 27 日

你向尼采提的问题真的不容易！让我试着回答。

也许上帝真的隐藏在我们身上，因为我们想着他。我们还记得他，还能知道他的一些事情，但已经很少了。但他希望我们去找他。正如尼采所说，这也许是上帝做的一个实验。他希望我们记住：不能没有他，如果我们不付诸努力，不记得他，也不遵守戒律，世界将会灭亡。有些人，那些信徒，尽可能遵照他的指示，但还有些人把地球搞得一团糟，他们不知道，上帝一直在，对于他们来说，上帝已经走了。这些人必须认识到，恶贯满盈和诡计多端是错误的。我们也必须帮助他们认识到自己的错误。这是上帝的意愿。直到所有的人认识了自己的错误，并决心从此改过，上帝才会重又显现。这意味着，我们还有很长的一段路要走。在这段时间里，上帝还是与那些信仰坚定的人同在，并且紧密相连，他会帮助他们。另外，我相信，以后你就不会失眠，因为有时我们也能感觉到，上帝就在我们身边。我们会感到被喜乐“包裹”，甚至会高兴得笑出声！

另外，我还想问尼采：为什么这个问题必须让一个孩子来回答？

回头见！

你的诺拉

又及，额外得到一封来自都灵的信，我当然很高兴！

埃森，1994 年 3 月 3 日

亲爱的诺拉：

那个笛卡尔太坏了！回到埃森后，我立刻带上你的两封信，兴冲冲地前往那家著名的间滕赛忒咖啡馆，很快找到了笛卡尔，把你的两封信交给他。他一边读信，一边笑。读到你和阿那克西曼德的相遇时，他说："瞧，为了照顾还不会希腊语的小女孩，这些希腊哲学家现在也会使用明显带有基督教色彩的词了！阿那克西曼德会出现在树上，一点儿也不奇怪。他是我们这个行业中，最早不直接在物质世界中去寻找规则的，但是他还未到达理念的范畴。因此，他尽管竭尽全力，试图超越尘世，但是还是不得不留在物质世界中。他爬到了树上，但是在树冠上也找不到规则。"

你对尼采问题的回答也让他大发感慨："这位可爱的诺拉还是个幼稚的孩子，她不知道，为何必须让一个孩子解答哲学的核心问题。我们有一个很好的回答，'幼稚是哲学的必要前提'。也就是说，对于哲学思考非常重要的素质是，不在意他人的观点，不惧怕提出的问题让人耻笑，相信正确答案常常出乎意料地简单，在这些方面，孩子们比成人更少顾虑。孩子们经常比教授们更少偏见。因为有些重大错误是如此根深蒂固，人们无法摆脱错误观点。只有睿智有趣如尼采这样的教授，才可能做出颠覆性的修正。——还有一点，孩子情感丰富，我关于上帝的概念非常抽象，人们很难喜欢，更不会发笑！我看来得多多和孩子们交谈。”

“是的，”他从玻璃水杯里啜饮了一口，片刻后又继续说道，“是的，哲学需要孩子。但有时候，孩子们还不够睿智。比如诺拉关于狗的观点我就不是很同意。她从哪里知道，狗会感受到悲哀呢？没错，狗会吠叫。用我的话说，这属于广延的世界。这个会活动的身体，通过活动的声带发出声波，我们听到了声音，诺拉也许也看到过金属老鼠，充上电后可以到处乱窜。她很难相信，这样的东西会有感情。她怎么能够确定，她的狗不是一个类似金属老鼠的东西呢？另外，动物妈妈可能会照看自己的孩子，但是如果一个唱片机会照顾我们，让我们听音乐，我们也就可以得出结论，唱片机有灵魂吗？”

“如果我理解得没错，你想说的是，内在的情感只能为我们自己所感知。此刻我对你的观点感到愤怒，对于这点我很有把握，因为正是我自己感到愤怒。但如果是发生在其他人身上，我只能说：某人的行为举止显现出，他似乎感到了喜悦、痛苦或其他情感，但我对此没有把握。”

“是的，大致就是这样。”

“这个问题我也没法解决——即便我想了解你的内心世界，可以钻到你身体里去（假设我可以变得足够小）。因为我看到的只有物质，如果我能在你的大脑里四处散步，我也只能看到神经在电子和化学的作用下发挥功能，但还是看不到你的灵魂。”

“这观点是后面那位戴着假发的先生最早提出的。”

“版权问题并不像论据本身那样重要，我们还会说到莱布尼茨。”

“你们刚才是在说我吗？”那位先生问道。他显然听力很好，他坐得相当远。

“是的，我们是在讨论笛卡尔说的‘肉体 - 灵魂’二元论的问题。”

“笛卡尔当然说得没错，内在、灵魂、意识——不管你怎么称呼它——不等同于物质。身体的外形不是灵魂，正如一位穿凉鞋的老者所说，一张桌子也有形式，但并不因此而拥有一个灵魂。尽管我始终认为，万物都有意识，桌子也有，只不过那是一个非常隐蔽的意识，如同深睡状态下的意识。人们很难反驳我的观点，也很难反驳笛卡尔认为只有人才有意识的观点。”

我回应道：“为何你认为所有人都有意识？你只认识你的自我，我也可以是一台电脑，什么内在也没有。”

“上次你来，我就起了疑心。你不是一个真正的人，是一台电脑，由诺拉操控！”笛卡尔喊了起来。

“你这句话太过分了，是侮辱！”我怒不可遏。

“这个诺拉太狡猾了，是她在操控你，当有人抓住了你的把柄，你就会说你疼痛。我还是要说，你说你痛，并不意味着你真的疼痛。亲爱的，我还想对你说的是，我不确定，你是不是一台真的电脑。我担心的是，现在这个时刻，我只是梦见了一台电脑。你不仅没有意识，你甚至连物质存在也没有，而只是我意识的一部分。”

这时轮到我无语了。

“你才只是一台电脑！你才只是我梦境的一部分！”我大声顶回去。就在这时，我醒了，我在自己的床上！原来我根本不在咖啡馆里。我只是做了一场梦！昨晚上我回家很晚，读完你的信就躺在床上睡着了。但让我绞尽脑汁的是两个问题：第一，我是不是之前也只不过是梦见了这家咖啡馆？第二，我真的只是你的一台电脑吗？帮我揭开谜底吧！

你的维托利奥

亲爱的维托利奥：

抱歉现在才回信，因为我有德语、数学和拉丁文作业要写。拉丁文作业还没写完呐，我得多多练习！你可以把你美国的地址给我吗？这样，我就可以把信寄到美国，回答你这些好难好难的问题。有一点我现在就可以告诉你：你一定不是一台电脑！！！笛卡尔只是想激怒你。更何况，这只是一个梦，别太当真了。

回头见！

你的“恐龙诺拉”

又及，你周末能来我家吗？爸爸妈妈一定很高兴见到你，虽然没有意大利饺子，但可以有意大利面！这样我们就可以当面交流了，比如说，讨论笛卡尔，希望你来。如果你已经有事，或者不太想来的话，我再打电话给你。（另外，意大利面也可以配上一个“理念”的奶酪！）我也会很高兴，你就可以向我解释，电脑是否会思考或者怀疑，对此我表示怀疑。

亲爱的维托利奥：

这才是我的回信，你一定是等得不耐烦了吧，抱歉啊！我原来打算周六回信，可惜那天我们坐火车去了卡尔斯鲁厄，在车上写信一定会把字写得歪歪扭扭，周日是我表兄和表妹的坚信礼。

下面是我的回答。

第一，人类和电脑从起源来看就有明显的区别：人类是上帝所造，电脑是人类所造。它们不可能和人类一样，因为不完美只能造出更不完美的东西。

第二，人类的问题来自对于知识的渴望，电脑的问题来自程序，大多数情况下，它们只能回答问题。

第三，人们可以察觉到什么是有生命的。

笛卡尔说得对，电脑可以设计一个笑，但人们还是能够察觉出，这个笑是人造的还是发自灵魂。人们无法仅仅信赖理智，有些东西得靠心灵来察觉。

我想，你前面几次去咖啡馆并不是在做梦，比方说，当你从笛卡尔那里获得一杯水的时候，你渴了。这可能是在做梦。但之后你就不渴了，我想，这不可能在梦里发生。除非人们当时在梦游，得在梦见口渴的时候，起身去取一杯水喝了，然后就不渴了。你一直都是从咖啡馆吃饱喝足回家，除了最后一次，那一次你真的是在做梦。

我真的不清楚到底发生了什么：我先是遇上了柏拉图，然后是阿那克西曼德，现在又遇上了……

请听我慢慢说：

上周日我醒来得很早，其他人还在睡觉，他们8点半还未出现，我便起身出门，走入那清凉而又有些雾蒙蒙的早晨。所有的街道上空无一人，显得很是空旷。突然，我走进了一座教堂，我也不知道为何要去，但还是走了进去。鸟儿在歌唱。之前我不会在意鸟儿的歌唱，但现在，空气中有些异样，连鸟儿的婉转歌唱也变得格外美丽。我深深吸了口气，一下子被喜悦充满。这时，我来到了教堂前，它显得雄伟威严，似乎在邀请我入内。我走了进去：教堂里也空无一人（正如我期待的那样）。但不久我就不是独自一人在教堂里了，急匆匆走来了一位头戴主教帽的老人，是个黑人。过了好一会儿他才喘过气来，然后在我身边坐下，微笑着说，“看来，只有咱俩这么早就来拜访上帝喽”。

“是呀，”我回答，“正常情况下弥撒9点半才开始。”

“正常情况下的弥撒。”他说。

“您……你……你是奥……奥古斯丁？”我也不知道为什么，突然脱口而出。不知怎的，当他说“是的，诺拉”时，我一点也不感到惊讶。

我清清嗓子，又问：“你怎么在这里呢？你不是早去世了吗？”

“嗯，现在这个时候，时间不起作用了。有时候，尽管人与人之间距离很远，也可以相互见面，看得到、听得到对方。”

“这不是只能在梦中发生吗？”

“什么时候都可以发生，这不重要。重要的是，可能发生。”

“是这样。”我有些尴尬。

他又问我：“你怎么马上就知道我是奥古斯丁的？”

“哦，第一，我知道，今天会发生特殊的事情。第二，维托利奥描述了你的长相。”

“啊，维托利奥！你看，又是一个关于时间的例子，他可以从这里去咖啡馆，尽管两地相距甚远，甚至是在另外一个世界。上帝如果愿意，可以让人在生活中跨越很大的距离。”

“可是，我原本想独自一人待在教堂里。”

“是的。但是上帝决定了，当你想去教堂的时候，你就该去了。”

“哦，天哪！哦，天哪！还有五分钟就9点半了！我得回家了。告诉我，你住在什么地方，我以后还可以去你家继续聊天。”

“不，不。住所是空间中的。我们现在所在的地方远离时间和空间。但是，我们一定会再见面的！”他说。

当我抬起头时，他已经离开。

你瞧，我还遇上了奥古斯丁。

笛卡尔关于动物的观点太极端了。他可不能说，动物妈妈是被程序安排好了才去喂养孩子！因为电脑没有同情心，也不可能有恶意。我知道，我家的狗可不是电脑！！！

你知道我正在读什么书吗？《黛丝蕾》（*Desirée*），你知道她吗？她差点儿就成了拿破仑夫人。

我和妈妈一起读《苏菲的世界》，已经读到洛克，接下去是休谟和贝克莱。很期待啊！！！

妈妈还会再打电话给你，邀请你周五来我家。你来了就会看到我们的狗，然后就可以告诉笛卡尔，我们家的狗不是电脑。

你知道吗？有时候我想拥有一台时间机器，可以前往其他时代。比如，去奥古斯丁的时代。

回头见，也许就在周五。

你的诺拉

埃森，1994 年 3 月 24 日

亲爱的诺拉：

你又写了一封聪明而又温暖的信！我赶紧掐了自己一下，证明我并不是在做梦。我真的被自己掐疼了，这也证明，这封信真的是你写的，我可写不出这么美好的东西。现实中的事情对于我们来说是提前确定的，而梦境中发生的事情就得靠我们自己。我们很快就认识到，我们并不是和上帝一样好的造物主。当我在印度生活时学了一点印地语，能通过查阅字典读报纸，我总是通过阅读广告牌来练习我的印地语。半夜里，我常常从梦中醒来，回忆起自己在梦中穿过德里，远远看到一块广告牌，我认出上面写的是德瓦纳加里文字，我靠近看，想看得更清楚，文字却变得模糊，这时我醒来了，因为我主动输出印地语的能力要比被动输入印地语的能力弱很多。当我试图输出时，我就失败了，梦境消失了，现实让我醒来。这样我们至少有一个独立于我们意识的现实标准存在，它要比我们自己能够做到的还要好。你的信对我来说，就是这样的现实存在。

我赶紧去了咖啡馆，因为我觉得，那儿的死魂灵几乎如同《奥德赛》里通灵者的阴影喜欢新鲜血液一样，喜欢你的来信。

“他终于来了！”你的（不是我的）粉丝俱乐部的成员纷纷喊道。“她的信呢？”他们马上发现了你的来信，我把它插在了裤袋里。“没有诺拉的信，你休想入内！”

我取出你的信，递给他们传阅。这些哲学家贪婪得像是要用目光将它吞下。一个身材高挑、英俊而又显得有些忧郁的男子尤为激动，他说：“好吧，诺拉向笛卡尔提出了她的看法。关于某物或者某人是否有一个内在灵魂的问题，毕竟是无聊的。人们凭直觉可以确认，比如狗是有灵魂的，电脑是没有灵魂的，对此冥思苦想，并没有什么益处。”

“我把一只苍蝇从捕蝇器里放出去了，是因为我觉得苍蝇不是机器。”

“不管怎样，人们必须尊重发展的逻辑，”一位我还不认识的先生开口说话了，“这样极端的怀疑不可能被小孩子接受，即便他们与‘恐龙诺拉’一样聪明。不管是在个人的发展，还是在集体的发展历史中，怀疑总是一个开端，怀疑是必经的过渡阶段。青春期的孩子也许会喜欢笛卡尔，十一岁的孩子还是更喜欢古典或者中世纪，比如奥古斯丁。”

“我本人也一直很喜欢奥古斯丁。”笛卡尔把我招呼到他的桌子旁坐下。他马上要了一杯水，因为我关于解渴的言论让他印象深刻，他想向我证明，我这次不是在做梦。啊，水的确解渴！我显得心满意足。笛卡尔大笑着说："你的满意看上去是真的，正如诺拉对知识的渴望。你们俩都真的不像是电脑。你们自己当然明白，你们不是电脑。我的问题是，当我出现在你的梦境中时，你怎么能知道你自己是不是电脑，你又怎么能知道我是不是电脑。也许有一种直接把握他人内在的方式，一种心灵相通，通过身体语言的表达直触灵魂。哦，允许我介绍——这位是奥古斯丁，正如我所说，一位对我也非常重要的人。"

我向庄严的奥古斯丁充满敬意地鞠了个躬，并向他眨了眨眼睛，因为你信中提到了他。奥古斯丁笑了，他的笑充满灵性和力量，显然不是一台电脑。他说："我们共同的朋友相信她看到了一些事实上并不存在的东西。一方面是因为当天早上有雾，另一方面我们都有偏见，也总想获得验证。比方，诺拉知道我来自非洲，便以为所有的非洲人都是黑人。但我是北非人，并不是黑人。我还挺想是个黑人，可是并非万事都能如人所愿。一个错误的期待会导向不正确的观察。因此，必须有一点怀疑精神，为的是克服偏见。但万事都能被质疑吗？至少有一件事情是不能被质疑的，即质疑这件事情本身，否则他就无法理解自己。笛卡尔和我在这点上看法不同，我在一个对话中提到过，我至少还不想质疑有他人的存在。笛卡尔却将质疑提升到了哲学原理的高度，因而也创造了全新的人类认识方式。我并不完全确信，这对世界是件好事。"

“当我看到在我们咖啡馆前走来走去的这些人，”笛卡尔打断了奥古斯丁的话，“我也不完全确定这一点。有一点我想说清楚，我的质疑一直是为了获得确认，质疑本身不是目的，而只是工具，为的是获得经过检验的确定。单独依靠信仰是无法获得这种确认的。我想要的是知，而不是单纯的信！”

“好吧，也许你想要的太多了，”奥古斯丁回敬道，“即使你的名言‘我思，故我在’的确是不错的，其实这句话几乎是来自我。但是，我太不喜欢这种虚荣。一切都从‘我’出发，而不是从上帝出发，这是哲学家必须摆脱的罪过。”

“我相信上帝，我认识他，”笛卡尔反驳道，“但是我对自己还是比对上帝更有把握。”

“真是这样吗？”那位坐在旁边桌子旁、刚说过话的先生问道，“在我看来，我对自己的怀疑比对上帝多。毕竟，我们有朝一日会死亡。也就是说，我们将不再存在，我们所处的状态挺有趣。我们有一天将不存在，这并非不可能，但是上帝永远存在，他是永恒的，而我们是有限的。”

“是的，维柯，是时间，”奥古斯丁叹了口气，“还有比时间更神秘的存在吗？它的确存在吗？因为过去已过去，未来还未来，当下转瞬即逝。有时候我感觉，时间只存在于我们的意识中。诺拉也不需要时间机器，她的信已经告诉我们，她是如何在不同的时间中穿梭的。”

“好吧，也许除了意识、记忆和盼望，她还能用上我的‘时间机器’，也就是我的历史哲学。人们一旦理解了历史发展的规律，就能更快地穿越世纪。”维柯说道。

“历史发展的规律？”笛卡尔反驳道，“历史由人决定，人又是由他的选择决定。”

“是吗？”奥古斯丁挑起眉毛，脸上带着讽刺的神情，“在这一点上，诺拉的观点似乎有些不同。她在信中至少引用了我的话‘上帝决定了她的意志’。我完全有理由相信，她同意我的这个观点。”

“信中没有提到这一点！”笛卡尔喊道，“诺拉一定相信自由意志，和我一样。”

“我们请诺拉亲自发表意见，怎么样？”我插了话，“我会直接问她，她对你们争论的这个话题是什么观点，是否上帝事先就决定了一切，还是人类有着自由意志。”

“如果有自由意志，上帝就不是万能的！”奥古斯丁提高了嗓门。

“如果没有自由意志，就不存在个人责任，罪犯就可以被同情！”笛卡尔也提高了嗓门。

双方都获得了不少拥护者，整个咖啡馆分成了两个阵营。

“我有一个善意的建议，亲爱的哲学家们！请大家在吵成一团之前，先听听诺拉对这个问题的看法。”

“同意！”大家都同意我的建议，“我们等待诺拉的下一封信。”

他们真的是这样做的，亲爱的诺拉！我也不例外。

你的维托利奥

亲爱的维托利奥！

我的回信不是寄到美国，而是寄到了埃森。我们这两周有客人来访，我一分钟也没有空闲！你的复活节过得怎么样？我们的复活节过得美极了。我们找到了许多“生命的信使”（复活节彩蛋）。教堂也很美。有时候我会问自己，为何是兔子带来了鸡蛋。人们怎么会认为是兔子藏起了鸡蛋？这难道不是很好笑吗？！

你的来信也非常有趣。我没有想到，哲学家也会这样争吵。连这么天才的人物有时候也会忘记思考理智和情感，不管不顾地争论谁的观点正确？！

致奥古斯丁：亲爱的奥古斯丁，我很抱歉，但是对于这个问题，我现在还是认为笛卡尔更有理。但这并不是说，你的观点是错误的。这是我的观点，而我也还只是个孩子。更何况，你思考这个问题的时间比我更久。

我想，我们人类有自由意志。我们必须决定，我们应该怎样行动——行善还是作恶。为了不让我们为难，上帝给了我们两样东西：理智和情感。如果我们使用这两种东西，我们就能做出我们自己正确的选择。我想，只应在这种情况下使用自由意志。也许上帝开始只是需要一个谈话伙伴，一个可以和他讨论问题的人，因此，他在造人的时候，给了我们自由意志。他经常在我们的心灵中与我们讨论，问我们应该如何做决定。你知道，我想到了谁吗？苏格拉底。他不是也经常与最聪明的人讨论，追问个不停，直到那些人不得不承认错误，认识到什么是正确的吗？我想，上帝也能预测到事情的发展。当他看到坏事来临，他会尽力不让它发生：他进入我们的心灵，向我们发问。我们就得做出自己的选择，一个好的或者坏的选择。

你知道吗？有一个故事很适合这里，一个《圣经》里的故事——巴别塔的建造。上帝自己也承认，对于人类的意志，他不是全能的。于是他将人类语言变乱。

“耶和华说：看哪！他们成为一样的人民，都是一样的言语，如今既做起这事来，以后他们所要做的事，就没有不成的了。”

我是说过，一切都是之前就决定了的，但这不是我的全部意思。因为事实上，去教堂是我自己做的决定，也许上帝那时正在我心中，他说服了我。

你们这些哲学家，关于我的观点的争吵现在可以结束了吧！！！

我还想对奥古斯丁说：如果时间真的只是存在于我们的意识中的话，为什么我们都会死亡呢？

维托利奥，你知道一本书吗？《鲁滨孙·克鲁索》，我正在读。

祝你一切都好！回头见。

你的诺拉

埃森，1994 年 4 月 17 日

亲爱的诺拉：

你知道我在美国忍受怎样的痛苦，每天早上我会去翻看我的信箱，看看盼望已久的信件是否已经到达——我总是失望，而且还会被朋友嘲笑，他们不愿意相信一个十一岁的女哲学家的存在。

昨晚上我终于可以在我的咖啡馆里找到知音，那儿的朋友们等待已久，期待着诺拉的最新消息。

当我朗读你的信时，所有人都侧耳倾听，之后是有些尴尬的沉默。最后，奥古斯丁站起身说："那些相信自由意志的人，是注定要犯这个错误的。我们无论如何没有必要与他们计较。如果他们还和诺拉一样年轻，就还有足够的时间改变自己的观点。"

"完全正确，亲爱的奥古斯丁，我们没有必要激烈争吵，忘记了情感和理智。因为我们都侍奉真理，你用你的方式，我用真理的方式。"笛卡尔也站起来说道。

奥古斯丁似乎马上就要发作，我赶紧朝他晃了一下你的信，他突然就变得笑容满面，朝着笛卡尔伸出手去。

"你们从哪里知道真理的存在呢？我们又怎么一定能认识真理呢？我们又怎么能够谈论真理呢？"一个身披希腊长袍、穿着讲究的老者问道，"我对于这三种观点都持有深刻的怀疑。”

“哦，”笛卡尔回敬道，“亲爱的高尔吉亚，你是什么观点？你宣称，真理是不存在的？”

“我不宣称任何观点，我只权衡不同的观点。我们姑且这样认为，我怀疑真理的存在。”

“那我就要问你，你的这个宣称——不存在真理，本身是否是真理呢？你怎样回答？”

“有位和我生活在同一个时代的粗鄙的手工匠人、异教徒提出过这个问题来折磨我们。”

“这是有可能的，但是问题并不会因为古老而变得不好。”

“我们这样认为，我回答，我宣称真理不存在，这是一个真理。”

“那么，亲爱的高尔吉亚，如果存在一个真理，就是你说的这句——真理不存在，那你的宣称就被证明是错误的了。”

“那好吧，我就说，我的句子是错误的。”

“如果你的这句话——真理不存在，是错误的，那就意味着，真理存在。如果你收回你的宣称，我就不需要再反驳你。”

“亲爱的笛卡尔，就因为如此，我说过，我不做任何宣称。”

“但是，如果你不做任何宣称，我怎能严肃地对待你的问题？我怎能与你讨论问题？不做宣称的人，绝对不是哲学家。”

“我也不是完完全全不做宣称。我只是怀疑真理是否存在，我不否认，也就是说，我不认为我的反对意见是真理。我可以根据我的兴趣怀疑一切，从中享受我的自由。”

“你真的能怀疑一切吗？”

“是呀，你和这家咖啡馆的存在，都有可能是一个梦。”

“我不反对。但是，你的存在，是不是也是一个梦呢？考虑一下吧，你的出发点是怀疑一切。也就是说，你完成了一项精神思考工作。”

“是的，我承认这一点。”

“但是，你一旦思考，你就存在了！——你思，故你在。”

“笛卡尔，亲爱的笛卡尔，我在学校里学到的你的名言是，我思，故我在。现在你怎么使用起第二人称了？！”我打断了两人的对话。

“这就要问问我们迷人的诺拉。当她写道，上帝也需要一个对话伙伴，我（这个我不是上帝，而是只想证明上帝存在）怎么能完全封闭自己呢？也许对话比独立思考更贴近问题的本质！”

坦白地说，我被搞糊涂了。笛卡尔刚才说的这番话与他通常的主张不同。诺拉，你无意的一句话就产生了这样的效果！

奥古斯丁又发话了。“好吧，笛卡尔，一比零，你赢了。真理是存在的，毫无疑问。但是理性能让我们认识真理吗？还是我们必须信仰真理？”

“好吧，”笛卡尔回答，“但愿信仰是如此简单。我们到处可以见到那些人，他们的信仰是我们所不信的。我们不能同时认为双方都是正确的，信仰必须转化为知识。”

“你难道不相信《圣经》吗？”

“我承认，《圣经》里有真理。但是，穆斯林又该怎样被对待呢？他们并不信仰《圣经》，而是把《可兰经》作为圣人之言。即便我们把《圣经》作为信仰的基础，但如何去解读，也不是一件容易的事情。我们需要理性。”

“但是，理性如果没有信仰是否也会失去力量？”奥古斯丁问。“在这个问题上，我也想听听诺拉的意见。另外，请告诉她，她关于时间的思考深深打动了我。死亡是真实的，虽然它超出了我们主体性的经验范畴。因此，我们通常也只能听说别人的死亡。在与他人的相遇中，我们了解了人生最重要的经历之一。而我们死后将会面临的遭遇，只有信仰可以告诉我们。”

“复活节刚过去不久，这句话尤其合适。”一位老先生加入了会谈，他身穿 18 世纪的服装，有着锐利而又忧郁的目光，这目光我见过几次了。“我本人更关注伦理，而不是形而上学的问题，因此我可以回答诺拉的第一个问题。复活节兔和复活节彩蛋的起源不同，前者起源于异教徒的生殖崇拜（想想吧，几只兔子在很短的时间里就在澳大利亚泛滥成灾了），后者起源于中世纪风俗，在斋戒结束后才可以开始吃鸡蛋。是不是很有意思，基督教最重要的节日竟然会与前基督时期的观念有关？我们今天这个时代与基督教产生的时代也相距甚远，人们依然还在庆祝圣诞节和复活节，不也是挺有意思的事情？正如大江大河在入海之后，有很长一段还是淡水，来自古老时代的习俗也会延续很长时间。"

"但愿书信的习俗不会消失，"我说，"为了捍卫这个习俗，我要回家给诺拉写信。"

致以真诚的问候！

你的维托利奥

亲爱的维托利奥：

很抱歉，你在美国饱受思念之苦，这次我的信件也不能按时到达。我必须思考你的问题。但是，很快你会收到我的回信。

回头见！

你的诺拉

1994年4月29日

亲爱的维托利奥：

谢谢你的来信。有时候我要花一两周的时间考虑如何回复，请不要生气哦。我知道，等待让人厌烦。可是，我还是一个孩子，“智慧的闪电”击中我的速度不会像击中你们这些聪明的哲学家那样快。但是，我希望，未来我也能更快地思考！

非常非常感谢你的邮票！收到它们我也很高兴，几乎与收到你的来信一样高兴。你的朋友好多，甚至还有在挪威的朋友！我把邮票揭了下来，放入了我的集邮册里。

我也很想加入你们与高尔吉亚的谈话！这次我还是会站在笛卡尔这一边。

笛卡尔已经向高尔吉亚清楚地展示，真理必然是存在的，不管他如何翻来覆去地反对！因为如果真理不存在，人类就失去了目标，万物也就真成了泡影。我不认为是这样。我认为是有真理的！我想，柏拉图会和笛卡尔一样表示反对。因为他也会认为生活中不可能没有真理，真理是永恒的理念。我们看出来了，高尔吉亚不是一个哲学家，而是一个智术师。

因为，否则他就会“爱真理”。正如一个好的哲学家会同时拥有理性和信仰，而高尔吉亚只有理性。他缺乏信仰，也就失去了目标，理性是建立在信仰上的。没有信仰，世界就失去了可以依赖的根本，世界也会变得冷漠和荒芜。人们不再有时间去奇思妙想，那不过是浪费时间，是不符合理性的。恩德小说《毛毛》（*Momo, Thienemann*）中的灰衣人也是这么认为的，不是吗？这样发展下去，人们很快又会拥有奴隶，这是符合理性的。但是，人权就会受到侵害，只有对公正真正的信仰才能捍卫人权。

因此，理性尽管非常重要，但是如果没有信仰，理性就会变得危险。

我的信就写到这里，希望你不要因为它短而感到不愉快，你等待得太久了。

作为补偿，我把我在 1993 年 9 月 10 日写的一首小诗也抄在下面：

植物园

难道世界不是一个大的植物园？
人类在这里工作，
为了收获生命的果实：爱和自由。
果实悬挂在上面，
挂在高高的树上。
我们一再爬上树，
试图把果实摘下，

但我们总是滑下来。
当我们终于爬到了树上，
又总有虫子啃食树根，
我们马上就到手的果实，
掉落在地，就不能吃了。
虫子又招来其他虫子，
告诉它们，应该如何啃食，
因为它们不理解果实。
但是总有一天，它们会理解。
我们也不会再滑下树，
我们就不再需要工作。

现在我还在读《鲁滨孙·克鲁索》，还没读完！

致以问候！

你的诺拉

又及，请转告咖啡馆里的哲学家，我很想与他们再次相遇，与谁都可以，只要有趣就好。

埃森，1994 年 5 月 3 日

亲爱的诺拉：

你不必因为要多花一点时间写回信而感到抱歉！回信的质量是更重要的，而不是速度。恰恰相反，我喜欢你的从容不迫，因为我自己经常写得太快，急于完成某项任务。哲学是强求不得的，一切都发展得缓慢从容。

你在信中写道，你想要遇上一位哲学家。我相信，至少我的一些朋友暗中观察过你了（我们哲学家总有这个毛病，对于这个世界我们总是观察得多，行动得少）。你写信的时候，一定有人从你背后偷看过你的信啦。因为我知道你写的是什么了！为什么？——你一定会惊讶地问。（我不仅写得多，我的旅行也多。）周末我出门时换乘了一次车，走进一个空车厢。我本来不想睡觉，可还是打了个瞌睡，当我抬起头，发现车厢的另一头有两位先生坐着，他们正在热烈地讨论。我有些疑惑，因为没有看到有人进入车厢，而我上车的时候，这节车厢是空的。这两位先生似乎没有看到我，我又睡着了，半梦半醒中听到，其中一位高大、严肃、神情忧伤的男子，正对他的伙伴说话，对方是位身材矮小的老者（你都比他高），长着一个不合比例的大脑袋，眼神清亮愉快。

“不对，康德，我们的诺拉没有说错。光凭理性于事无补。这个可怕的世纪——幸亏我及时从中抽身出来——已经告诉我们，完善的智性是如何与最可怕的罪行携手而行。人们怎么能够如此高估理性？”

“韦伯，亲爱的韦伯，”小个老者回答道，“我们的理性概念不是同一个。诺拉认为，奴隶制源于理性，这是完全错误的。实践理性禁止奴隶制，实践理性正是人权的基础！”

“但是，为了达到某种经济目标，将人的生产力加以制度性的使用，为什么是非理性的呢？也许是因为奴隶懒惰，即便施以棍棒也收效甚微，拥有人身自由的雇佣农民要有效率和有用得多。当然，这也取决于情况的不同。我完全可以设想用奴隶制更有效率的情形。”

“对你而言，理智显然意味着达到某种目标的手段。但是在我看来，理性不仅是评价目标手段的有效性，也在于评价目标的合理性。实践理性意味着，你的行为是将包括你与他人在内的人类作为目标，这种情况在奴隶制下是不存在的。”

“为何要尊重他人？”

“好吧，”康德笑得有些神秘，“如果你以为我会告诉你，从长期看来这会对你有利，你就错了。这样你就不在实践理性的领域，即伦理层面。因为伦理是以自身为目的，并没有其他目的。人们行为处事符合伦理，不是为了得到他人的尊重，也不是为了死后去天堂，而是因为符合道德伦理本身。‘道德的行为’是无条件的，是一个绝对律令。”

韦伯沉默良久，然后回答说：“这个绝对律令是无条件的，在我们这个否认绝对存在的时代很难被接受。但是，你说得对，如果没有绝对，也就没有道德。”

“正是如此，”康德回答道，“绝对之物并非存在于彼岸，而是存在于我们内在，构成了我们的内核。”

“我其实是个社会学家，”韦伯说，“也就是说，我的研究对象不是‘什么是真理’，而是‘什么是人们认可的真理’。我发现，我们对理性的理解不同。你和你的前辈认为，理性是正面的，是属于道德（诺拉称之为‘信仰’）范畴的，不是被道德所排斥的。而我却认为，理性仅在某些领域内发生影响。理性这一基本概念在欧洲历史上为何会发生如此剧烈的变化？”

这时，车厢的门打开了。“这是技术的胜利！”一个目光深沉而狡黠的农夫走了进来，一身阿勒曼地区农民的打扮，“自从技术改变了我们的生活，人们认为技术上的智性就是理性。当我们周围的一切都被施以技术的魔法，最初的思考便不复存在。”

“啊，海德格尔，”韦伯说，“技术施魅同时也是一种祛魅，世界失去了从前的神秘色彩。当人们还在口述传说，还在相信童话，人们也许会过着担惊受怕的日子，但是火热的激情要好过于冷漠，冷漠带来了今天荒凉的机械化图景。”

“可是，你无法摆脱这个世界，”海德格尔冷笑一下，“命运驱使着我们，人们无法从飞驰的列车上跳下。”

“有关命运的说法本身便是一个童话，”康德怒气冲冲地打断了海德格尔的话，“诺拉说得没有错，虫子总有一天也会开窍，不再偷走我们的果实。当孩子心中一旦感觉到道德律令的存在，他们的想象力就会指出我们尚未知晓的出路。”

“唉，”韦伯叹了口气，“就算你说得有理，带动现代前行的火车是停不下来的。我们可以在火车上活动，在餐车上得到很好的招待，通过窗户可以看到风景——但是我们无法下车，车外的世界我们触碰不到，甚至连这趟火车的窗户也无法被打开。”

这可就扯远了。“各位先生，说够了！”我喊道，拉动了紧急制动阀。火车猛地停了下来，我失去了平衡。当我又站起身时，车厢里只剩下了我一个人，车厢里的几位同行者消失了。很快列车员就过来了，他严厉地问我：“为何您要拉紧急刹车？”

“哦，我想演示给那三位先生看，火车是可以停下来的……”

“哪三位先生？”

“他们离开了，消失得无影无踪。”

“您是想要我吧？”

列车员非常恼怒，我只好乖乖交了一大笔罚金。我开始怀疑我的理智，直到读到你的信才想起来，有些事我是知道的，因此我在火车上的经历并不只是个梦。

诚挚的问候！

你的维托利奥

1994年5月19日

亲爱的维托利奥：

非常感谢你的邮件。抱歉我的回复又迟到了，幸亏你不介意。

你的来信太精彩了。这三位先生是如何进入你的车厢的呢？！如果这是一个梦的话，你不可能听得到这么富有“理性”的对话。人们倒是可以回忆起一个梦。我也做过一个梦，梦中突然有人说道：有时候人们找东西，东西不在人们找的地方，而是在其他地方。这个例子放在这里不是很恰当，但是我恰好就想到这个例子。康德也说过，有时候人们是在理性界限之外考虑问题，比方说，上帝存在吗？这个问题的答案在时间和空间之外，因此，我们尽管可以提出这个问题，但是却不可能回答。也许我们有时候在上帝不在的地方寻找上帝。——但是，这不是问题的关键。我想，我有些明白康德的理性和理智了。（遗憾的是，按照道德行事的人太少。）

我还有一个问题：如果康德将所有伦理问题——例如分辨善恶——归为理性，认为信仰是与生俱来的，或者称信仰是独立的，灵魂又为何重要呢？灵魂仅是用来享受快乐和体验悲伤的吗？

亲爱的康德，伦理难道不也会通往信仰吗？绝对律令如果不是来自上帝，又来自何方呢？

因为“绝对之物”必须产生于人类产生之前的某个时刻。也许这个“绝对之物”甚至是上帝的一部分。如果人们承认“绝对之物”，那就意味着人们还是有信仰的。信仰难道不就产生于理性之前吗？

我在上封信中请求，希望能有哲学家再来找我。这个请求显然奏效了，因为我真的又遇上了一位哲学家。

周末，我们前往黑森地区的一个小疗养院。在那里，我们一起庆贺表妹的坚信礼。从那个地方走五步就能进入森林，当然就有许多乔木、湖泊、花朵和灌木。附近还有一条公路，尽管很窄，但是可以非常愉快地散步，这对我们的狗当然是件好事。宴会开始了，我们在宴会桌前坐下。这时我对爸爸说：“爸爸，我得出去一下遛狗了！”

“好吧，”爸爸说，“那你带它出去一下，快去快回！”

于是，我就带着我们的狗去了林子里。我走得远了点儿，来到了一个小湖边上。那附近有一把椅子。这里太美了，我坐了下来，享受自然景色。当我坐在那里时，突然发现，有人坐在我旁边。好奇怪，之前我可是什么都没有看见！这是一个脸色阴沉的男人。我记得见过这张脸，却一时记不起这是谁。

我羞怯地说：“你好，我是诺拉。您让我想起一个人，却记不起是谁。我可以请教您的名字吗？”

“当然可以，诺拉。我是马克斯·韦伯。”

“哦，韦伯！原来你是韦伯。你从哪里冒出来的呢？”

“我从哪里来，这不重要！重要的是，我现在在这里。”

“哦，我是一个生机勃勃的活人，因此过于依赖因果律。”

“是的。你从哪里认识我的，诺拉？”

“维托利奥·赫斯勒向我描述过你，所以我记得你。”

“赫斯勒，哦，这不是那个不久之前拉下紧急刹车的家伙吗？”

“是的，那就是他。他以为，他是坐在火车里，就拉下了紧急制动阀。”

“好吧，在普通火车上是可以拉下紧急制动阀。在‘技术’这列火车上，却不能这么做。列车员一定也会再次出现，告诉人们，紧急制动阀完全没有用。在此之前，所有人都确信紧急刹车必须被拉下。可是做不到，总会有‘谬误’存在，直到世界的尽头。”

“我想，你过于悲观了，韦伯。为何你不相信人呢？他们被赋予道德和信仰。人们当然得尝试拉下刹车！但问题是，技术也是好东西，不是只有坏的一面。比方说，没有船、铁路和飞机，人们就不能前往其他国家，有时候速度很重要。没有技术，自然科学不能发展得如此之快，医学也会发展缓慢，如癌症这样的疾病就不会被治愈。也许，人们得改变‘技术’火车的轨道，避免它坠入深渊。”

“好吧，我不清楚。是不是所有的‘电脑达人’都想要这么做。世界末日很快就要来到，比我们想象的都要快！”

“如果我们相信柏拉图的理念，世界就不会灭亡。因为世界理念是永恒存在的，也将继续投射自己的影子。也许我们到时候得从头开始。”

“是的，你说得对。”韦伯说。这时，他的脸部表情松弛了下来。

“哦，”我喊道，“我得离开了，我不想待太长时间。再见，韦伯，再见！”“再见！”

然后，我很快回了家。希望我们的谈话带给了韦伯一点安慰。

你知道吗？韦伯，我们还有时间。因为还不是到处都是技术，想想那片美丽的林子。我们只要将附近的公路修得窄一些就够了。妈妈去疗养院了，我得把信寄出。现在，我是一个人读《苏菲的世界》。我读完了康德这一章，接下去是浪漫主义时期的卢梭和克尔恺郭尔。

回头见！

你的诺拉

埃森，1994 年 5 月 24 日

亲爱的诺拉：

非常感谢你的来信。在圣灵降临节的弥撒上，我正在回味你的来信，发生了一件奇怪的事情。在我前排坐着一位先生，嘴角下垂，鼻子很大，目光深邃，穿着 19 世纪初的衣服。这位先生看上去非常眼熟，我疑惑不解地低声问我的邻座，前排这位先生是谁。“前面没有人坐。”他嘟囔了一句，奇怪地看着我。嗯，我想，现在我身上发生的事情，就如同目前正流行的三维图像，我无法洞察第三维，我的邻居也无法看到我用心灵之眼看到的景象，它处在另外一个维度上。

做完弥撒之后，我偷偷跟上了他，看到他走入你非常熟悉的咖啡馆。这时我已经认出他来，他的一张肖像画悬挂在我的书柜上：当然，他是黑格尔。在圣灵降临节这个属于圣灵的节日，当然他也会去教堂。我在咖啡馆门前赶上了他，自我介绍我是他的崇拜者，又给他看了你的信。我们走进咖啡馆，里面几乎空无一人，只有在角落的一张小桌子前坐着一位年轻男子，身材瘦削柔弱，几乎带点儿女孩子气，大眼睛，尖下巴。

“诺拉的信？”他马上问。

“是的，克尔恺郭尔，别这么不耐烦。”黑格尔答道。

自己先把信读完，然后把信递给了对方。

“你怎么认识诺拉的？”我惊讶地问克尔恺郭尔。

“是这样的，”他笑道，“我喜欢研究我自己，无聊的时候，就研究那些研究我的人。所以，周一我喜欢去你的克尔恺郭尔研讨课（你看不到我，但我还是在那里，因为内不是外）。”说这话的时候，他严肃地看着黑格尔，似乎在向他挑战。“诺拉的母亲为了支持我的观点，与黑格尔派、马克思主义者和社会工作者辩论。我经常坐在她身边，因为她下课后常常把诺拉的信放到讲台上，大多数情况下，我常常比你更早读到诺拉的信。你不必嫉妒我，因为至少上一封信是通过邮局寄给你的。诺拉的母亲去了疗养院，所以我还没有读到这一封。”

克尔恺郭尔拿起信读了起来。我转身问黑格尔：“黑格尔，上帝和绝对是什么关系？”

“他们当然是同一回事。我更倾向于使用‘绝对之物’，即聪明信徒所说的‘上帝’。上帝是第一动因，如果道德法则是无条件的，那么道德法则自身就是神性的，就是上帝的一部分。或者人们也可以说，上帝是绝对道德。”

“如此说来，上帝和道德是紧密相关的。那么请告诉我，某事是道德的，是因为这是上帝的意愿，还是因为某事是道德的，所以上帝有实施某事的意愿？”

“上帝只想施行符合道德和精神的行为。”

“如果这样的话，道德便与上帝的意愿无关，”后面的克尔恺郭尔喊道，“这样你就摧毁了上帝的全能。”

“但是，如果凡是上帝的意愿，都是好的。那么，上帝施行可怕的命令，也还是好的。”

“上帝的确是施行过可怕的命令，”克尔恺郭尔又回答道，“想想亚伯拉罕和以撒的故事，牺牲一个无辜的孩子，难道不是一件没有道德的事吗？可是上帝还是对亚伯拉罕下了这样的命令！”

“如果上帝命令我牺牲诺拉，我可永远不会照他的话去做。”我插了一嘴。（你一定不会相信我有别的想法，诺拉！）

“不管如何，以撒最后并未被杀，”黑格尔说，“上帝只是在考验亚伯拉罕。如果亚伯拉罕开始时说过这样一段话：‘亲爱的上帝，一切都是正义的，但是杀死一个无辜的孩子，这不可能真的是你的愿望，我一定是误解了你的意思。’——没准儿他在这场考验中还能获得更好的成绩。”

“不，”克尔恺郭尔反驳道，“信仰高于理性。实践理性也许会禁止杀害儿童，但是信仰知道，真理也有可能违背理性或是上帝的意愿。”

“信仰不可能违背理性，”黑格尔重复道，“也许信仰的有些观点并未被理性所认识，但是信仰不可能违背理性。因为，如果这样的话，就存在着双重真理，一重是理性真理，另一重是信仰真理，而这是荒谬的。”

“*Credo quia absurdum.*”[①] 克尔恺郭尔嘟囔了一句。

“你怎样对待不同信仰的人？”我问他。

“哦，一定是他们错了。”

“但是你怎么知道，你没有错呢？”

“我的信仰是这么告诉我的。”

“但是其他信仰的人，比如穆斯林，他们的信仰也是这么告诉他们的。”

“正是如此，”黑格尔又开口说道，“我们需要一个超越各种信仰体系的机制，能够允许我们相互讨论问题，这就是理性。”

“说得太对了！”这时一位头戴穆斯林头巾，看上去来自近东地区的先生突然开口。“各种宗教其实都是一个原则上可以被理性所认知的真理的映象。可是人们并不总如同我们所希望的这样理性，因而各种宗教还是必不可少的，即便人们总是因为仇恨而挑起争端。我本人是一个受过启蒙的穆斯林，我叫法拉比，我也可以很好地与受过启蒙的基督徒、犹太人，以及其他宗教的人友好相处。但是，如果有人僵化地固守自己的信仰，反对理性的话，与他交谈就比较困难。”

---

① *Credo quia absurdum*：拉丁文，“唯其荒谬，故而信仰”，这是罗马教父德尔图良（Tertullianus）的名言。意思是，唯其荒谬，故有奇迹；为有奇迹，故生希望；因有希望，故生信仰。

“但是，按照你们这些可怕的理性至上者的观点，”克尔恺郭尔又一次发言，“我们只拥有唯一的一种理性——上帝的理性。可是，灵魂在哪里？灵魂始终属于个体，且因此将我与他人区分开了吗？有些认识可能是普遍适用的，但我如何理解、解读这些认识，始终是我个人的事情。即便存在客观真理，也必须是我本人去认知它。”

“我们不想否认客观真理，”法拉比和黑格尔承认，“我们认为，个体的主体性是不够的。但是，亲爱的克尔恺郭尔，在你那里，光有客观真理也是不够的。——如果我们的灵魂之外不存在理念的话，我们互相之间就完全无法理解，每个主体性就被封闭起来，没有了通往世界和他人的窗户。”

“我是这样认为的，我们的一个立足点就是相互之间的理解，即便我们之间有误会，过了一段时间之后，我们就会知道，然后尝试重新开始，”我接着说道，“我完全能够理解诺拉，她也能够理解你们的谈话，即便我们之间达成理解是一个漫长的过程。如果诺拉可以不偏不倚地对人类和技术形成判断，并以此安慰韦伯，就说明，人类之间的相互理解在原则上是可以实现的，而且超越了年龄和时代的界限。存在着一个所有人都能够理解的理念世界，我们就可以以此为基础相互交流。如果不存在这样一个世界，我们就无法相互交谈，我也就不能再写信给诺拉。这是我很喜欢做的事情，也当然非常期待她的回复！”

真挚的问候！

你的维托利奥

亲爱的维托利奥：

非常感谢你的来信。我高兴极了！但我还是直到现在才能回复你的来信。最近一段时间，学校在排演一个音乐剧，我要参加排练，还要准备最近的三次课堂测试。在这之前，我没有时间回复你的来信，希望你不要因此而生气。

我在信中放了一张音乐剧的票和关于这个音乐剧的介绍，这样你就了解我现在正在做什么。我知道了一点点马基雅维利的事迹，他出现在了我们的剧中。我不知道我是否喜欢他，我现在对他所知还不多，所以期盼你的来信，也许下次你能够遇上他。

下面是对你上封信的回复。

我有一个问题要问黑格尔："亲爱的黑格尔先生。您会祈祷吗？！按照您的观点，上帝不是一个真实的人，而是本质，是吗？而人们与'本质'是无法交谈的，只能对它进行客观评价，无法向它祈祷！我想问您这个问题，也许您有不同的看法。"

你们讨论了上帝与道德相互符合的关系，否则就会有两个绝对之物——上帝和道德，这是不可能的。也许上帝也考虑到了人类自由。只有当我们按照上帝和道德行事的时候，我们才可以获得自由。如果我们通过别的方式赢得自由，比如，通过大屠杀消灭所有敌人，我们还是无法获得自由，因为我们内心总有一点神性和道德存在。这点光亮将让我们良心不安，于是，我们还是不自由的。

上帝行事也一直符合道德！他给出的命令总是善的，以撒根本没有被杀，克尔恺郭尔！相反，当亚伯拉罕和以撒在山上的时候，上帝对亚伯拉罕下的明确命令是，他无论如何都不能牺牲以撒，而是要以附近的公羊为祭品。上帝完全不同意把儿童或者成人作为祭品。维托利奥，你完全可以放心，上帝一定不会命令你把我作为祭品。今天的时代里，也没有人再把儿童或者动物作为祭品。这个例子对所有的人都有意义，符合道德的事情也符合理性。所有的人都明白，人祭是被禁止的。至于个人如何理解这个《圣经》故事，或者是否相信这个故事，则由他个人来决定。

对于人类总体而言，理性更重要，对于个体而言，信仰更重要。因为，有了理性，人们就可以互相理解，制定规则。

妈妈回家了！周一她去过你的讨论课了。克尔恺郭尔是不是还坐在她身旁呢？好吧，总之他这次没法儿偷偷读我的信，因为那时我还没写呢！没准儿明天他就能读到了？！

我们很快要出去度假两周。我们要去意大利，你的出生地，我们将要去利古里亚[①]海岸的五渔村。去年暑假，我们也是去那里度假，那里真的是很美很美！！！

谁知道呢，没准儿我在那里还能遇上一位哲学家。

周二我就能拿到我的成绩单。我已经知道，我的拉丁文得了一个二分。

妈妈和我已经读到《苏菲的世界》的黑格尔部分，我不能完全读得懂。

回头见！

你的诺拉

又及，信件背面有我发表的第一首诗：

眼镜蛇

有一条眼镜蛇在那边的玻璃箱里，
箱子被准确度量：
一米五是它的长度；
眼镜蛇刚刚饱餐了一顿。
不费力就获得了饲料：

① 位于意大利西北部，南部濒临利古里亚海的热那亚湾，首府是热那亚。

这里不允许蛇独自捕捉。
它不像在野地里可以四处寻觅，
它只是躺在箱子里。
它的牙齿没有了毒液。
它也就不再是真正的蛇。
它不知道，如何捕捉，
不必害怕猎人的枪声。
也不知道森林的美好；
它只认识它的玻璃箱，
长有一米五。

（这首诗是我在五年级写的。几天前，校报上刊登了这首诗。）

另外，假期里你也要出去度假吗？

前往耶拿的路上，1994 年 6 月 22 日

亲爱的诺拉：

你的信又给我带来了巨大的欢乐，尤其是昨天晚上我从科隆回来，刚在那里做了一个关于克尔恺郭尔和黑格尔的公开演讲。如果我之前读到你的信，我的演讲一定会更成功。因为你在信里的观点给了我很多启发。我还要感谢你赠予我的演出票。真是遗憾，因为我的旅行安排，我无法去观看演出。演出一定会给我带来很多欢乐，不仅因为剧里有马基雅维利，也因为显然它关乎道德价值的最终判断，而看到你在舞台上的样子，我也一定会非常高兴。

我还有一个问题要问你：戏剧人物是以什么样的方式生存呢？我指的当然不是演员，而是演员尝试去表演的戏剧人物。如果你们表演的任务是历史上的真人，比如马基雅维利，这个问题就相对好回答；可是有的剧本中的人物不是真人，比如你最近看的莎士比亚《驯悍记》里的凯瑟琳娜。她存在还是不存在呢？如果那些诗人创作出来的人物，出现在一个没有完成的剧本中，那么这些人物存在吗？我想，你有朝一日会成为伟大的作家，但是你不可能完成所有的设想，我为那些在你精神中流产的人物感到担忧。

你的诗歌《眼镜蛇》很美，我读它的时候，突然明白了几周前的奇怪经历。你知道，我去纳尔河畔的疗养院看望了你的妈妈。我们在河边散步时，突然看到了一只小艇逆流而上。一个男人有一个大脑袋和一双沉思的眼睛，戴着一顶红色的主教帽。他驾驶小艇靠近岸边，将小船系在一棵树上后，上了岸。他坐在一块大石头上，把手中的木管削成一支笛子后开始吹，非常奇怪的事情发生了：一条眼镜蛇随着音乐游了过来，抬起头，开始跳舞。我是过了一会儿才辨认出来，因为这条眼镜蛇似乎玻璃般透明，其实是无形的。人们得非常认真地看，透过反光才能识别出这是一条眼镜蛇。奇怪的是，这条眼镜蛇只有玻璃做的头和尾巴，没有身子。你妈妈和我非常惊讶，最后我们问那位男子，他到底在做什么。

“是这样的，我首先模仿我们的造物主，”他回答说，“创造了自然界里不会出现的东西。动植物自远古有之，但是笛子是人类制造的——我们创造了新的事物，拓展了存在的大千世界。你们一定会想，存在是固定的吗？不是，完全不是，通过我们的手工和机械制造，我们拓展了世界的存在之物。笛子同时有形式和质料。更有意思的是，诗人和艺术家创造的新事物并不总是有质料。这条眼镜蛇并非真正的眼镜蛇，它是一个小姑娘去年一首诗中的眼镜蛇。但是至今为止，它只是存在于大脑中，也许存在于这个姑娘的练习本里。它还没有出现在公共世界里，因此还缺少中间部分。但是，我猜想，当诗歌公开发表以后，事情很快要发生变化，眼镜蛇的存在方式就要发生变化。尽管眼镜蛇是玻璃制的，但它会变得完整，现在它还处于一个介于存在和不存在的可怕的中间状态。”

“这事好奇怪，”你妈妈说，“但是，你的大帽子和胡子也好奇怪。你从哪里来？”

“我来自摩泽尔河畔，这顶帽子是教皇在很久很久之前赐予我的。我追求智慧，并试图直观上帝。”

“你怎么能做这样的事情？”我问道。

“当然不是用我的肉体眼睛，而是用我精神的眼睛。对于我而言，上帝是矛盾的集合。看吧！”他从袋子里取出一只今天已经不常见的陀螺。他用一根小鞭子抽打陀螺,陀螺越转越快。“你们刚开始不是看到，陀螺上的某个点会不断离开又回来吗？你们是不是觉得它是活动的，不是静止的？”

“当然，库萨的尼古拉。”我终于认出了他。

“你们认定，陀螺会转动得越来越快，A 点会越来越快地回到原点。当转动速度无限快的时候，会发生什么呢？”

我们沉默片刻，说：“与地面相对而言，A 点会一直停留在原点。”

“对于静止也是如此！无限的变动和静止是一致的。你们看，在上帝之内所有的对立都是统一。”

“哦，我头晕了！”我回答道，“我感觉自己就是这只陀螺。你说的这些,太可怕了。如果你说的是对的,难道我们也可以说，在上帝之内，善和恶是统一的?”

“完全正确。”突然有人从树后面站出来说话，我立刻认出了他，是亚里士多德。“别信这条摩泽尔河里的鱼!”他激动地说，“他摧毁了逻辑，这是每种论证的基础。因为这是不可证伪的定律:某事或是A，或不是A，不可能同时既是A，又不是A。”

“为什么?”库萨的尼古拉问。

“好吧，你想否认我说的话吗?是不是?”

“是。”

“如果你要否认我说的话，也就是说你认为我没有道理。但是按照你刚才说的，在对与错之间不存在区别。也就是说，我也是对的。”

“好吧，我不否认，你是有道理的，如果矛盾律是争论的前提!”

“没错，那我就是有道理的!”

“哦，亚里士多德，我当然知道，人们无法摆脱矛盾律。但是，矛盾律只适用于有限的世界，在上帝之内矛盾律是被扬弃了的。”

“毫无可能!矛盾律是绝对的，对于上帝，对于绝对，也同样有效，或者恰恰有效。”

“你根据世界的模型来想象上帝，但是上帝超出了世界的范畴，我们需要一个不同的认知能力，为了认知上帝，需要理性，而不是理智，理智只够认知有限世界。如果你认为，可以使用认知有限世界的方式来认知上帝，就是狂妄了。”

库萨的尼古拉摘下了他的红色主教帽，激动地晃动着。这时，你妈妈一定也已经告诉你发生了什么——帽檐上的花粉飞到了我的眼睛里，我的眼睛过敏了。在接下去的几个小时中，我什么也看不到，也完全无法思考。直到今天我也还没有想清楚，究竟谁是对的。但是我认为这个问题非常重要，我需要你的帮助！

真诚地问候你！祝贺你第一次，也一定不是最后一次的公开发表，我亲爱的女诗人！

你的维托利奥

1994年7月6日

亲爱的维托利奥：

感谢你有趣的来信，真的非常精彩！我还不认识库萨的尼古拉。他一定是个神秘主义者？！他的观点让我印象深刻：在上帝那里，对立被扬弃。

首先，我得和你说说，我们在意大利过得多么愉快……我们的小屋矗立在长满枞树的山上。我们能够看到一望无际的大海，多么浪漫。周围非常安静，没有汽车驶过。只有蟋蟀的叫声，也并不扰人。这里有那么多美丽的花花草草，各种各样的！不过你一定也熟悉这里，我觉得这里的一切都显得有些忧郁。

昨天，我们去了比萨。虽然我在五岁的时候去过那里，但现在没什么印象了。我们在比萨邮寄了一张明信片给你。你一定去过比萨，参观过比萨斜塔、无与伦比的大教堂和洗礼堂了吧。可惜我们的时间很少，这次没来得及去参观纪念墓地，比萨还有那么多美丽的教堂……

尽管如此，我还是获得了初步的印象：当我在洗礼堂里走进顶层的围廊，向穹顶望去时，我都有些头晕了。人们在建造这些建筑时，心里在想些什么呢？我想，他们一定很开心。大教堂也太棒了！缪斯和美德以女神的形象伫立在祭坛旁。这一点我觉得很滑稽，因为从 12 世纪到 14 世纪，整个社会对于女性总抱有负面的态度。哲学缪斯女神是位头戴皇冠的女士，手持地球。在大教堂里，不知怎的，我总有一种安全感。最后，我们还去了一个小小的犹太墓地。（意大利真是一个非常美丽、非常有魅力的国家，只是每个我们去过的咖啡馆里都开着电视。）

现在我来回答你的问题。

我想，戏剧或戏剧里的角色和节日类似（比如圣诞节、生日、复活节、基督升天节……）。每当戏剧上演时，仿佛故事就发生在眼前，好像是第一次发生。圣诞节这样的节日，不仅为了纪念耶稣的生日，也是为了活灵活现再现耶稣诞生的经过。这是一点。另一点，我想，这些戏剧人物是不自由的，他们不能想说什么就说什么，而是受到了作家的支配，他们在表演某个固定的角色。

是的，可是那些只完成了一半的剧本中的人物呢？

也许他们会“加倍不自由”，因为我相信，他们无法摆脱作者的意念，而那些已经完成的剧本公开出版或上演，“已完成的”剧中角色进入永恒之境，他们将到处上演，为人所知，就可以摆脱作者的规定。而那些“半成品”则永远被拘束于作者的意念中，无法获得身体和尾巴，只有一个脑袋。

然后，你还有个问题，这些角色是否真实存在。

我想，他们的确存在，只不过生活在另一个世界里。这世界是不可见的，只能存在于想象中。也许这个世界真的叫作想象世界?！我不是很清楚。但我至少相信，剧中人物是存在的。因为他们是某种理念的化身，一种属于人的或者神的理念。

现在又有一个问题来了，上帝的内在是否存在对立。我以一种奇怪的方式得到了我的答案：我们抵达意大利的那天，我在住处周围散步，看看能发现些什么。走着走着，我偏离了大路，突然来到一片干草丛中。在我面前出现了几块大石头，应该是不知什么时候从山上掉下来的。突然，我看到一个年轻的男人正坐在其中的一块大石头上，用一个巨大的放大镜反复观察在他手上乱爬的两只甲壳虫。这一幕实在太滑稽了，我扑哧笑出了声。那位男子吓了一跳。

"嗨！"他和我打招呼。

我有些不好意思地表示歉意："*Scusi, Mi dispiace.*（意大利语：抱歉，打扰了。)"我理所当然地认为他是个意大利人。

让我没想到的是，他却开口说起了德语："没关系。我太专注于我的科学研究了。"

"您的科学研究？"

"是的。我正在试图找出两只甲虫的区别，哪只甲虫会把自己的特点遗传下去，哪些特征对于它的生存概率尤其重要——你是谁？"

“我？我叫诺拉。您是达尔文先生吗？”

“孩子，你猜中了。你是不是有个外号‘恐龙诺拉’？”

“是的。哲学家们都这么叫我。”

说到这儿，我就在达尔文身旁坐下，我们还谈论了很久，并提到了你关心的对立问题。达尔文把显微镜递给我，让我观察那两只甲虫。我看到，有一只甲虫的腿和触角比另一只长。我把目光从甲虫那里慢慢挪开，转到了正在石头上忙碌奔跑的蚂蚁上：一些蚂蚁是棕色的，还有一些颜色发红。这真是一个奇迹，这么许多不同种类的蚂蚁，没有一只与另外一只完全相同。我脑子里还想着你的问题，嘴里嘟囔着：“如果上帝没有对立，为什么他创造的世界里总是存在着这么多的对立？”

“我也是这么认为的，上帝创造了许多许多的对立，他可不会对它们视而不见，他一定不会忽略一个人和一只动物的区别！不过，我的哲学不涉及这些问题。还有，我也得走了。寂静海上的加拉帕戈斯群岛上还有许多需要探索的问题。”

“哦，太遗憾了！我本来还想请你喝一杯咖啡的。”

“非常感谢，下次一定去喝咖啡。我相信，我们一定会再次见面的。回头见，‘恐龙诺拉’。”

他摘下自己的绿色帽子挥了挥，然后从地面上消失了。

我得出的结论是，上帝那里也有对立，我同意亚里士多德的观点，因为大千世界由对立组成。在创世之初就是如此，上帝从黑暗中创造了光明，或者上帝从海洋中创造了陆地，等等。

另外，你关于善和恶的观点，对于我也很有启发，因为如果上帝内在同时有善和恶的话，我们人类是善还是恶，对于他来说，从本质上都是一样的。可是，他区分善恶，否则他就不会插手亚伯拉罕和以撒的事情。你可以转告库萨的尼古拉，我必须好好考虑他的观点，也许有一天我会同意他的观点……他的观点本身就让人印象深刻。

维托利奥，我还有一个关于戏剧人物的问题：可以把我们人类比作戏剧里的人物吗？这样，上帝就是创造我们的剧作家。从这个角度看，我们是不自由的，上帝是把我们作为人类，而不是作为天使来创造，也就是说，恶存在于我们的内在。依照这样的想法，我们可以从上帝的意识中被解放出来吗？当我们的生命或是人类生命结束时，我们应该可以做到这一点？！——（我想这个问题是荒谬的。）

现在，我在阅读一本马丁·路德·金的传记。一周前，我读完了《苏菲的世界》。结尾真是非常令人激动，黑格尔之后，我还读了克尔恺郭尔、马克思、达尔文、弗洛伊德，还有一点点尼采和萨特。

回头见！

你的诺拉

又及，你再好好想想，是否真的要去美国，我会为此感到伤心的！

又又及，明天我们去佛罗伦萨。

1994年7月11日

亲爱的维托利奥：

对你信里问题的回答，我都写在这张明信片上了。就像前面说的，比萨城给我们留下了美好的印象，贝蒂娜也很喜欢。我们昨天在佛罗伦萨，可惜很多美丽的博物馆和教堂都关门了。

致以美好的问候！

你的诺拉

埃森，1994 年 7 月 14 日

亲爱的诺拉：

收到你的来信是我生活中最大的乐趣之一。而你最近的这封信尤为深刻而又丰富，且来自我的母国，寄往我的父国[①]。你碰到的都是多么有趣的人啊！你在假期中，好奇地观察这美妙的世界，把目光投向文化和自然。正如你所知，柏拉图和亚里士多德都认为，哲学从“惊奇”开始，我认为，今天好的哲学家这么少，就是因为遗忘了“惊奇”。只有孩子可以把我们从这个可怕的“木已成舟”（*déjà vu*）的心态中解救出来（当然不是所有孩子都可以，只有那些特别聪明而又清醒的孩子可以做到，比如你），你“惊奇”的能力会让每个成年人都目瞪口呆。

你观察到了比萨大教堂里的美德和缪斯雕像都是女性形象，这非常好。你觉得有些意外，因为在你的印象中中世纪的女性形象似乎是负面的。但是如果你记得我的第一封信，我在咖啡馆里第一次碰到的那群哲学家，你还记得吗？我们可不能小看古人。当然，中世纪妇女在政治上还没有享有平等权利。但是无论男女，中世纪的人都被认为拥有一个不死的灵魂，将

① 维托利奥·赫斯勒的父亲是德国人，母亲是意大利人。

要在死后面对灵魂判官。美德让灵魂高贵，于是，妇女也拥有美德。在现代社会里，几乎没有一位女士会如同贝阿特丽丝这般受到但丁的崇敬和爱戴，中世纪对待妇女的宗教信仰般的热忱被许多现代关系所取代，我并不认为这是错误。毫无疑问，在现代社会中，男女都拥有了更多的自由和平等，公平作为一种美德确实取得了进步。但我们也因此至少应该公平地承认，中世纪人也具有美德——比萨大教堂也的确比埃森大学带给人更多的安全感。

遗憾的是，即便是在意大利这样一个处处都是艺术珍宝的国度里，还有人忽视了身边璀璨的艺术品，宁可去看电视。我的父母有一次和熟人一起去托斯卡纳的维亚雷焦，参加那里著名的狂欢节。在节庆活动的最高潮，他们的熟人告辞说："我们现在得回家了，电视里正在播放维亚雷焦狂欢节。"这难道不是一个荒唐的场景吗？——人们喜欢电视里的录像胜过真实。同样荒唐的是，我们认为，现实世界比其背后的理念更真实。蹲在电视机前的人，是坐在洞穴的洞穴中，其实是坐在电视前的电视机里的一个角色，因为正如你所说，世界如戏，它的导演是上帝。我认为你的想法并不荒唐，而是非常有深意。但我和苏菲的观点不同，我并不认为，我们是来自上帝的意识。这只是我们的妄想，是上帝给了我们这个错误的印象。我们可以希望的是，我们能够不断深入上帝的意识，最后发现他的真正意图。但是要完全理解这一点，我们这辈子显然无法做到。

我也很想遇上达尔文，于是我马上带着你的信去了咖啡馆。当我看到咖啡馆大门紧闭时，你可以想象我的失望。门口挂着一个小牌子：“去世然而不朽的哲学家也需要假期——夏季打烊时间。”

我想，他们中的大多数人只在家的周围或他们生前工作过的地方活动。这不是无来由的猜想，而是基于不久之前我获得的经验，上封信我是在前往耶拿[①]的火车上写的，下火车后，我就把信件投入邮箱。来到耶拿，我非常激动，因为这是一个对于德国哲学史和文学史意义重大的城市。我参观了墓地，那里安眠着很多名人，比如那位可怕的叔本华的母亲；参观了植物园，歌德和黑格尔曾经经常在此徜徉；最后参观了浪漫主义之家，费希特曾居住于此。你根本无法想象，我在那里经历了什么。

我一个人在浪漫主义之家的一个房间时，博物馆的安保人员正好不在，我走到一面巨大的镜子前。镜子里的那个人，与我长得很像，只不过他正用左手抓自己的脑袋，而我大多数时间是用右手。他似乎对这个发现颇有兴趣，我趁四下无人，与他击掌。他友好地伸出手来，我们的手相遇在镜面。这时候，奇怪的

---

① 德国图林根州城市，位于易北河支流萨勒河上游。

事情发生了，镜面开始颤抖，似乎镜面是银色的水或是水银做的，另一只手抓住我的袖子，飞快地把我拉入镜子。我来不及大喊，就来到了另外一个房间，与我之前所在的房间很相像，不过也有些奇怪之处，我看到了一块牌子，上面写着：禁止触摸镜面。只不过因为是镜像字体，我费了一点劲儿，才看出写的是什么，这个禁令显然是有所指的！突然我感觉，一些奇怪的事情在我身上发生了。我新长出来的白发恢复了棕色，脸部肌肉变得紧绷，补过的牙消失了，满口牙都是整齐的，最后我的身高也变矮了。“发生了什么？”我吓得大喊，直到最后我意识到，是我变年轻了，因为在这间房间里，时间是倒流的！你想象得到吗？我突然害怕有一条响尾蛇把我接走。（在镜像世界里，成年人认为只有响尾蛇的故事是真的，可是孩子们想法不同。）幸运的是，我想起了在浪漫主义之家里看到的一句话，大喊一声：“我设置我！”（ICH SETZE MICH!）——时间就停在了我的十一岁。我冷静下来，跑出房子。我看到了什么？街上发生了巨大的变化，汽车变成了马车，海报滑落，高楼大厦纷纷倒塌，取而代之的是成片的树林，人们的衣着打扮变得与之前完全不同。我不敢再走出镜子里的浪漫主义之家，因为我害怕，不知道我会变成什么，也害怕会失去我的身份——这比之前害怕被一栋倒塌的高楼砸死更糟糕——因为如果我不再是我，对于我而言，要比从这个世界消失难为情得多。这时，我突然想起了在真实的浪漫主义之家里看到的另外一句话，于是就大声喊了出来："我设置非我！"（ICH SETZE NICHT ICH!）

话音刚落，外面的生活恢复了正常和稳定，但这是一个我只在书上看到过的世界。我在哪里？显然是在耶拿。"您能告诉我时间吗？"

那位先生从马甲背心里取出怀表，回答道："4 点。"

"嗯，我其实问的不是时刻，我想知道的是日期。"

"你不知道今天是几号吗？今天是 6 月 22 日。"

我点头表示感谢，尽管我知道这只是个日子，我想知道的其实是年份。我意识到，如果我追问是哪一年的话，人们一定会认为我疯了。突然我想到了一个办法。一个眼眶深凹、有着深色眼睛和硕大鼻子的先生向浪漫主义之家走了过来。我向他微微鞠了躬，问道："抱歉打扰您，法国大革命爆发几年了？"

"五年了，"那人回答道，"人民从他们的君主那里要回思想自由的权利，我们为自由抗争了五年。"

"就是说，今年是 1794 年，"我低声说，"您是著名的费希特教授吗？"

"正是在下。现在连孩子也认识我了？"他微笑道。

"我有一个朋友，名叫诺拉，她不仅认识您，她认识几乎所有哲学家，她就是'恐龙诺拉'。"

"'恐龙诺拉'？恐龙是什么？"

"一种很久之前曾经生活在地球上的动物，在几亿年前就灭绝了。诺拉却是属于未来的。如果我不曾设置非我，我自己也会回到恐龙时代，虽然我更喜欢诺拉的时代。”

“恐龙……诺拉……历史……未来……我……非我？年轻人，我觉得你在说胡话。”

“完全不是。我非常了解您，也读过您的许多著作——正是您的句子刚刚把我从一个尴尬的局面中解救出来。”

“您读了我的什么东西？”

“比方说《全部知识学基础》。”听到这里，他高兴地点点头。“又比如,《自然法权的基础》。”这个时候，他看着我，愣住了。

“你在撒谎！”他大声说。“你不可能读过《自然法权的基础》，因为它还没有出版。我正在写这本书，离完稿还很远。”

“是呀，我知道，您的大作两年后才能出版。而且到那时也不是一切都真的令人满意，您还要对于主体间性的证明付出更长时间的努力。”

“我还知道的更多，我可以预言，您的观点还将有大的变动——无论是关于法国大革命，还是关于自我的。”

“如果这是真的，我的自由就是一个幻想！如果现在就能预测到将来我将要做什么，那么我事实上就不拥有自由。”

“坦白说，我来自未来——因为您的事迹对于我来说，就是过去。历史是无法改变的。（也许连上帝也不能，这我得问问诺拉。）”

“过去的确无法改变——但未来却不是。”

“这很奇怪，”我反驳道，“如果历史是绝对不可改变的，而未来不是，这是不符合逻辑的，尤其是历史和未来之间的区别是相对的，相对于各自的当下。当下此刻的未来，也会有朝一日成为过去。”

费希特长久地思考，然后说道：“如果存在自由，那么自由也取决于现在。当你通过时间之旅将过去与未来的差距随意变动的话，自由就受到了损害。为了自由之故，时间不可倒流！这样的时间之旅应该遭到绝对禁止！离开这里，否则我就要动手了。”

为了自由之故，他会毫无忌惮，我边想边跑，朝着镜子里的浪漫主义之家跑去，因为他封住了相反的方向。

“我要没收你从未来带来的走私品。”费希特在我身后大喊，我吓得跑入浪漫主义之家，跑到镜子前。再没有退路了，我惊恐万状——这时候，镜像中我的手抓住了我，把我拉到镜子里……我又来到 1994 年的耶拿，快满三十四岁的时候。

博物馆的看管员非常不满：“您不能触碰这面镜子，这是文物。”

“好的，”我说，“再不会了！您说得完全正确！”

这封信给人的启示是：小心镜子。

诚挚的问候！

你的维托利奥

又及，我想问你，现实世界的我是镜中世界的我吗？我在那里面有个不同于现在的身体。我们的身份由什么来决定呢？

1994年7月27日

亲爱的维托利奥：

如果你留在了十一岁，我倒觉得是件特别好玩儿的事，我们就可以一起去上学了。上周末你来我家的时候，我和你说过这件事。你的到来让我很开心。我现在正在读《爱丽丝在镜子国》，我很喜欢这本书，只是不能完全理解其中的意思，我还得好好琢磨琢磨。我觉得好玩的是，里面的人对待爱丽丝的态度总是盛气凌人，尽管他们比爱丽丝愚蠢很多，也许这与他们的国家或者“颠倒伦理”有关？！

你说的那个狂欢节的故事太奇怪了，竟然有人会更喜欢电视中的狂欢节，有些人无法承受现实世界。他们觉得只要看其他人做了什么就已经足够，他们没有想到自己应该去做些什么，也许他们根本就不想要做什么，也许是现代技术让人们失去了灵感。事实上，没有现代技术，我们也能过得很好。但是有些人习惯了这种让人昏昏欲睡、舒适的方式，没有技术，他们就找不到生活的意义。每个时代都有好的和坏的习俗。中世纪缺少公平，我们的时代缺少灵感、观点和共识。因为许多工作，比如收割谷物，不再需要许多人用耙子和干草叉一起来工作，而在今天的时代，只需要一个人、一台收割机就可以完成，这就产生了孤独。我们必须注意，现代技术不会比我们人本身更重要。技术为人类服务，而不是我们为技术服务。你知道，我想起了哪部电影？查理·卓别林的《摩登时代》。有一次，我们德语课老师和我们一起看了这部电影，我很喜欢它。你看过这部电影吗？

你说我们应该进入上帝的意识，而不是把我们从中解放出来，这个观点很是给我启发。因为，当我们从上帝的意识中走出来的时候，我们就不是真实和自足的人了，上帝的气息也许会在我们心中熄灭，我们即便活着，也将成为没有精神和灵魂的动物。

因此，我认为，沉浸于上帝的意识中，完整理解生活的意义，要有意义得多。但你说过，我们今天不再能够在生活中直观地认识到生活的意义，这让我有些沮丧，但是我想，也许我们死后能够认识到生活的意义。因为，我相信，我们在去世后会回归上帝。我们来自上帝的意识，我们也将回到上帝中去。我无论如何都将为之努力，让人们尽快认识到真理。

现在我来回答你的问题。

第一，我不相信上帝能够改变历史，他最多能通过赦免或者惩戒历史中发生的事件缓和历史的后果。比如说，在伊甸园里，亚当和夏娃因为违背了禁令，偷吃了知识树的苹果而被赶出了伊甸园。从那时起，人类就自由了，上帝不再能够统治他们。可是上帝创造人类于时间和空间中，人们谈论过去，却无关上帝。

对于上帝而言不存在过去，上帝永远生活在当下，对于他而言，历史也许也是当下……停一下！我真的被绕晕了，我不知道，我所写的是否正确。

第二，我想，在镜子世界里遇上费希特的那个你与现在的你是同一人。尽管那个你有一个十一岁男孩的身体，但你喊出了那句“我设置非我”，显然你就没有失去一个三十四岁成人的身份。（因为你不会在十一岁时就读过《自然法权的基础》了吧？！）“当下”决定了每个人的身份，这决定了，你是否是同一个人。因此费希特说得没有错，他的“当下”不能在不同的时间里移动，否则，自由就会受损。上帝有自由概念，我们必须遵守。你也绝不会再想触碰一块历史的镜子：“为了自由之故！”

好了，现在我得马上去睡觉了！

明天，我要去一个马场待一周。

诚挚的问候！

你的诺拉

又及，我在安妮·弗兰克[①]身上发现了什么？我们

① 安妮·弗兰克（Anne Frank，1929—1945），生于德国法兰克福的犹太女孩，“二战”期间犹太人大屠杀中最著名的受害者之一。1999 年入选《时代杂志》“20 世纪全世界最具影响力的 100 个人”。

有特别多的共同之处，尤其是她的思想。

又又及，如果在镜子世界里时间是倒流的话，那里就没有自由了吗？

埃森，1994年8月2日

亲爱的诺拉：

你的来信总是让我很高兴，今天的来信也是如此，我迫不及待地想立刻回复。（幸亏你的回复比我从容，不然，邮局就会不堪重负。）是呀，我也觉得，如果我还是个小男孩也不错，这样我就可以和你一起长大了。但是，停一下！如果回到镜子里的世界，回到18世纪，我是不可以和你一起去上学的。那么，还是生活在20世纪，我还是三十四岁吧！因为我不想失去与你相遇的乐趣，而且，我们之间的年龄差距也带来一个重大的好处，我可以为你解释世界上的一些事情，这些事情在我十一岁的时候是说不清楚的。（我在那个时候还没有读过费希特，虽然我并不想说，但是不得不承认，他的著作曾经真的把我搞得糊里糊涂。我们在耶拿的相遇也不是很让人愉快——这位先生有暴力倾向。）这也是为什么你要感谢你有一个祖母在家里陪伴你成长，这样，你就能对历史有更深的认识，也能在独自面对世界时获得许多帮助。

你说得尽管没错，现代科技世界里存在着一种可怕的孤独倾向，但是也有足够多兼具智慧和道德的人通过友谊结盟，抵抗多数人的错误。这一友谊的结盟也包括那些已经去世的人，比如安妮·弗兰克，你显然从她身上看到了你自己。（具体是哪些方面呢？）回到童年的话题，有时候我也觉得，我在很多方面还是一个十一岁的男孩——我不想失去天真和率性，你在这方面帮了我大忙。尽管的确是有些可笑的人物会看不起我们，看不起爱丽丝，遗憾的是，不仅在镜子世界里如此，愚蠢和傲慢总是从同一块木头上长出来的。我们既然知道了这一点，就不必为此感到不安。

信中你谈到关于上帝的知识，我都非常赞成，尽管你会觉得有些头晕。我也相信，对于上帝而言，只有永恒的当下。上帝处在时间之外，他在十亿年前就知道：诺拉·K. 正在明斯特的一个马场上，她在骑马的时候总是察觉到，笛卡尔认为高等动物没有意识的观点是不公平的。但是，这里也存在一个问题，如果上帝早就知道你会去骑马，那么骑马还是你的自由选择吗？或者，所有你的选择都是上帝在这之前就决定了的？你想起来了吧？在咖啡馆里，对于这个问题展开过激烈的争论。如果所有一切都是前定的，众所周知的论据就是，过去是不可改变的，上帝对此也无能为力，那么未来可以改变一说，就不符合逻辑了。因为在过去和未来之间的界限是移动的：昨日的未来就是今日，今日对于明日就是过去。如果过去与未来之间没有本质的区别，那么自由是难以想象的。

走在前往闾滕赛忒区的咖啡馆路上，你的信插在我的衬衣口袋，我在心里琢磨着这些问题（更准确地说，这些问题在我心中翻滚）。我没有想到，咖啡馆在暑期是关门的。我拧动门把手后才想到这时一定不会有人在。奇怪的是，门还是开了——我走进大门。咖啡馆看上去是空荡荡的，现在我才发现，大厅尽头有两扇大镜子相对而立。尽管你警告过我，可我还是像是被魔力所吸引，急急地向镜子走去。镜子旁的一个黑暗角落里走出来一个奇怪的男人：他身材矮小，动作显得很急躁，正向四周张望，刀锋般锐利的薄嘴唇露出讽刺的笑容。他身上有些让人恐惧的东西，我马上停住脚步。他用命令的口气对我轻声说道："停下！把诺拉的信给我。"

坦白地说，我觉得这简直匪夷所思，我做了一件也许不该做的事情——我撒谎了。

"我身上没有诺拉的信。"我说。他不耐烦地冲我走来，从我的衬衣口袋里拿走了你的信，嘲讽地说："现在你真的没有诺拉的信了。"他迅速读了起来，他阅读的速度快得惊人。最后，他摇摇脑袋，说道："可怜的孩子！她关于身份问题的回答非常弱，诺拉在绕圈子。身份意味着自我，她宣称，人是同一个人，对于身份很重要，等于什么都没有说，这太肤浅了。我想知道，为什么我还是同一个人？身体必须是同一个人吗？或者虽然我在另外一个身体里，我还可以是同一个人？我必须能够回忆起以往的经历，才能认为，我与那个在圣卡夏诺生活的我是同一个人？但是，如果我已经把以前的事情都忘了呢，我还是原来那个人吗？”

“是的，马基雅维利，”我认出了他，“你真的还是原来那个自己，即便你的身体是另外一个，即便记忆能力已经衰退。你与世界相处的方式没有改变过。你的权力欲还是和之前一样旺盛。为什么你到这里来了？我以为，去世的哲学家也要休假呢。你为什么对诺拉的信这么好奇？”

“关于你的第一个问题，我只能回答你：一个权力欲旺盛的人是没有假期的。时时刻刻需要我关注和阻挠叛乱的发生，我得思考计谋，为了揭发阴谋，晚上我也睡不着觉。假期、假期——那是给那些行动迟缓的懒虫准备的！我担负责任，我不可能有休息时间。你知道有多少哲学教授向我请教，要我出主意吗？和上帝一起思考的时代过去了，现在一切都是为了权力。”

“那么，我的第二个问题呢？”

这时，马基雅维利有些尴尬，他脸红了。“我众多耳目中的一位告诉过我，诺拉曾在另外一封信里提到，她不知道，她是否喜欢我。我对此很感兴趣，她是不是有了结论。”

“为什么？”

“嗯，坦白地说，因为我自己也不知道答案。”

“她是否喜欢你？”

“不,我是否应该喜欢我自己。我的自我是分裂的。因此，我对身份问题也感兴趣，有时候，我会恨我自己——尽管被憎恨者和憎恨者都是同一个人，这怎么可能呢?”

马基雅维利向后面走去，站在了两面镜子中间。这时，非常奇幻的事情发生了。右边的一面镜子突然开始说话。

“我是一个怪物，”它说，“我为暴君献上妙计，告诉他该如何镇压无辜。暴力、谎言、背叛——我无不精通。我可以告诉你们，如果你们不动用这些伎俩，你们很快就要被别人排挤碾压，因为人心本恶，因此你们可以，甚至必须以恶制恶。”

镜子里的马基雅维利笑得很邪恶，这时，另外一面镜子里的马基雅维利开始说话了。

“人们认为我很冷血。实际上，我不过是描述了恶的残暴。人们认为我是暴君之友，可事实上，当我在小册子里细述了暴君的邪恶,难道不是帮助了人民吗?暴君不需要我的帮助，他们早已如我描述的那样干尽坏事。站在他们的立场上，我更应该保持沉默。如果我是一个马基雅维利主义者，我更应该撰写宗教修身文学，把人们的注意力从暴君的伎俩上引开。”

“谢谢，马基雅维利，”第一面镜子说，“现在所有人都认为，我也许不够勇敢，但至少是个好人。这正合我意。这样我就能获得被压迫者的信任，让他们更好地为暴君服务。”

“哦，马基雅维利，”另一面镜子说，“你真是一个高明的演员。我差点儿在暴君那里告发了你，现在你又挽回了局面。祝贺！”

“如果你不马上停止为我的行为罩上道德的外衣，如果你还不明白，我除了权力，什么都不关心，我就要命人杀死你！”一号马基雅维利愤怒地扭曲了脸。

“哦，马基雅维利，你有无尽的善良！成为一个善良的人会让你觉得害羞，所以总是扮演恶人的形象，”二号马基雅维利边说边笑得前仰后合，“有人如果老是谈论道德，就显得很可笑，但你是我的偶像！”

这时，真正的马基雅维利站在镜子中间不知所措，绝望地看着我。他往前跑去，镜子里的人像消失了。

“现在你理解，为什么我有身份认同的问题了吧？我真的不知道，我是谁！我是个善人还是恶人？我是应该恨还是应该爱我自己？只有诺拉可以帮我。”

这时，马基雅维利情绪失控，扑到我怀里痛哭起来。“和诺拉谈谈我。我必须知道，她是不是喜欢我！”

“别难过，马基雅维利！”我喊道，“一切还不那么糟糕。世界比你想象的要好，诺拉也能够解决你的问题。我今天就给她写信，你会得到她的回复。你不需要找耳目去打听，也不需要从我这里抢走她的信，我很乐意把信给你。”

我回家后就马上给你写信，因为我不想让这个可怜人等得太久，他真的很痛苦。

诚挚的问候！

你的维托利奥

1994 年 8 月 23 日

亲爱的维托利奥：

非常非常感谢你的来信，还有那些漂亮的邮票！现在我上七年级了。这学期新开设了英语课。我很喜欢这门课，这挺好，因为我以后必须能够流利地说英语，才能去世界各地啊。地理也极其有趣！拉丁文当然也不错，不过我们正在学习不定时、将来时分词，刚开始我没有完全理解，但是现在我可以理解了。

现在让我来回答你的问题。

第一，我在什么地方与安妮·弗兰克类似或接近？……我发现，她心里觉得不公平的时候，不知该如何是好，这样的情况也常常在我身上发生。另外，她为自己设立了人生目的，成为记者。这与作家类似，她也一定会成为作家。她喜欢学习，即便被迫藏身于后屋，她也竭尽全力去获取关于这个世界的知识。是的，她的很多想法与我多么相像，比如，只要拥有自然，生活就会变得无比美好。安妮·弗兰克喜欢哲学，我也喜欢哲学。

她总是说，她必须有强大的内心，才能够坚持活下去，这一点我也认同。

她也很喜欢写故事。总之，如果我们相遇的话，一定会成为朋友。

第二，你写过，上帝也许已经知道，我正在一个马场里。（顺便说一句，马场那里很美。）但这并不让我高兴。这也许符合我上一封信的想法，但我还不是很确定……现在我更相信，上帝的生活和我们的生活必须区分开来。两个世界截然不同，不能混为一谈。在他的世界里，上帝生活在永恒的当下。如果他关心人类，他就得来到人类的世界。他和人类在一起，能够感受到人类的甘苦。如果上帝事先就预知一切，我们的自由行为就受到了损害。这样，我是否前往马场，就不是我的自由决定，至少不是全部。

第三，如果未来可以改变，而过去无法改变，这样的情况的确很奇怪。我想，在过去和未来之间存在着质的不同。你知道，我并不相信上帝的预言，这与我的观点也符合。因为未来是属于人的，不是属于神的，因而未来可以是过去的反面。过去和未来总是不同，这是最重要的一点！

第四，是的，是的，亲爱的马基雅维利！你千万不要激动，我可能犯了一个错误。每个人都会犯错误，好在我们还可以在未来纠正错误。况且，你在生活中也的确犯了很多错误。

我得说：你身上有相当阴险可怕的一面！但是，尽管如此，你可以放心，我还是对你抱有好感！你知道为什么吗？首先，因为你能够发现你犯了什么错；其次，你充满激情。你发现了吗？你无法绕开善，因为你心中有善良的一面。恶的镜像象征着你的恶，它几乎已经被打败。你当然为强权提供了计谋。我想，这一点你很难洗白，但是，我们还有未来！

现在我还有一个问题要问你，马基雅维利，对于你什么更重要，权力还是造福人类？

还有，哪些哲学家总是请教于你？我可以告诉你：维托利奥一定不在其中！

还有你的自恋，想一想，你是否做过什么重要的好事！如果还没有，那么为和平努力吧。如果已经做了，那么你还有喜欢和可以为之自豪的东西，你也会有朋友！

（维托利奥，你去咖啡馆的时候，告诉马基雅维利，上面这部分信是写给他的。）

我前天读完了《宾虚》，现在在读一部恩斯特·史纳博为安妮·弗兰克写的传记。另外，我读了你发表在报纸上的文章，我觉得你写得很好。你在报上被介绍成童话里的明星，可我觉得，这并不适合你。

另外据说，你喜欢生活在更早的年代？（我也想啊！）可是，这也并不适合你，你很重视现实！你只是想重新了解经典哲学家，比如黑格尔，不是吗？

胡南，一位韩国朋友，最近打了电话给我们，我们也许很快要去汉堡了。

真遗憾，你马上就要出发去西班牙，那里一定很美，妈妈已经告诉我你要前往西班牙和葡萄牙。你会从西班牙给我写信吗？可惜我没有你的地址，你可以发给我。

最晚一个月后见！

你的诺拉

又及，告诉你的哲学家朋友们，他们可以再来与我“偶遇”！这些偶遇总是很有趣。谢谢！

阿兰胡埃斯，1994 年 8 月 31 日

亲爱的诺拉：

你的信来得正是时候，因为几个小时以后，我就要出发去西班牙了。坦白地说，当我看到你对马基雅维利表示理解时，我有些激动，因为我马上就意识到，这对于他意味着什么，我不可能让他等我从西班牙回来以后才读到这封信。可是，我还得收拾行李，我不知道是否还来得及赶去咖啡馆一趟。我正发呆不知如何是好，听到背后传来一声轻咳，马基雅维利的声音传了过来："不用为时间担心，如果山不来见穆罕默德，那么穆罕默德就走到山那边去。"

我大惑不解："你是怎么进入我房间的？你怎么知道，诺拉今天回信了？你会读心术吗？"

"我会读心术，会的东西还有很多。我请求你，可以把诺拉的信给我吗？非常期待。"他飞快地浏览了前面部分，然后开始认真阅读关于他的那一部分。

"嗯，嗯，那就是说，那个友善的女孩不是那么讨厌我。好，好，我也对她颇有好感。请告诉她以下信息：我永远支持和平。我只是认识到，和平不是通过说说好话就能实现的。为何一个国家里面的人不相互残杀？这是因为他们害怕惩罚。当他们犯罪时，只有当惩罚奏效，这种恐惧才会存在。因此君王（或是其他国家代表）必须具有威严。如果他因为善良而软弱，老鼠就会上灶台跳舞，马上就会起纷争，甚至出现流血牺牲。我们想要保护所有人的生命，就必须支持一个强大的政权存在。所有我提供的治理策略，都是为了这个目的。我是一个有道德感的人，而有些道德家让我厌烦，他们只知道喋喋不休，却解决不了任何问题。”

突然，我听到邻屋里传来“啪”的一声，好像一本书从书架上掉落。我抬眼望去，是托马斯·霍布斯的《列维坦》。从打开的书页中走出了一个小人儿，长得不比一个孩子高，眼睛里露出一丝嘲讽的光，他对我们说：“你们的讨论非常精彩，我可以加入吗？请允许我冒昧，我的朋友叫我汤姆。”

“亲爱的霍布斯先生，我从未听说，您的哲学还能让您获得朋友，欢迎您加入我们的谈话。”

他低声地说了句什么，而后仰起头说：“你们的小朋友，我在路上遇到过几回，她装作没有看到我。她抱怨最近没有遇上哲学家，这是她自己的过错。‘恐龙诺拉’理应理解两件事情。第一，她自己也说过，她胸中有时会有怒气。当人有怒气时，应该做什么？人们会争吵，争吵的最后手段就是暴力。事实上，人类是特别有攻击性的动物，他们的暴力只有通过两种手段才能获得限制。首先，要有能够清晰界定所有权的法律。法律本身是否公正，是完全无所谓的事情，或者更准确地说，法律是被定义为公正的。因为无论法规如何制定，它们都能够终止争吵。当然，其次，法律要有效，必须有最高权力保证，这就是国家暴力。马基雅维利和霍布斯的组合代表国家利益，当然也是出于道德考虑。”（这时，他的声音就像一匹马在叫。）“第二，诺拉对于权力和影响的区分，我认为并不恰当。因为影响也是一种权力——所有人都想要有权力，想要发生影响。只不过有些人利用武器执行他们的意愿，还有些人利用金钱，最后还有一些人利用语言。最后这些人就是我们知识分子——我的印象是，我们的小诺拉也将成为一名知识分子。”（说到这里，他笑得前仰后合，笑出了眼泪。）

“听着，霍布斯，”马基雅维利说，“诺拉也许并不反对权力。她关心的是，权力为何而实施——这是一个道德问题。也许她会批评我们，我们过于草率地将国家权力合法化了。”

“不管怎样，我还得收拾行李。你们快走吧，不然我就得按照国家法律行使房主的**权力**了。”这句话奏效了，两人立即就离开了。

语言的权力在我看来确实是一个很重要的问题。记者在今日社会里拥有很大的权力，大多数政治家会依据记者们认定的公众意愿去行动。因此，记者有责任准确而细致地进行报道。《时代周刊》的记者是有职业良知的记者，但是他不像你一样对我了解那么深入。在我信中附上的这篇报道里，这位记者提到一个写了很多信的小女孩（你可以有三次机会猜猜她是谁）——就像《苏菲的世界》的许多小读者那样。不过，他的语气好像是说信的数量比质量更重要似的。

西班牙之旅一开始就让我遭受了一次重大损失。我到达后那天，在一个扶梯上，两个阿尔及利亚人走到我身边，其中一人只有一条腿，看上去行动不便。在下扶梯时，我就伸出胳膊扶了他一下。可他却趁机抢走了我的钱包，里面装了我的身份证和刚用600马克换来的现金。有位路人还提醒我注意，但是太晚了，我与一个我认识的巴西人赶紧追上前去，试图拦住这个无耻的家伙。他灵活得像只猫，把我的眼镜掀到了地上，我们在地上滚作一团，终于把他抓住。可是，他的同伙却跑了，另外还有两人开车来接应他。警察最后终于来了，为那个混蛋戴上手铐，他的同伙带着钱跑了——我再也不可能见到我的钱了。

为此我非常懊恼，在印度、拉美、俄罗斯和突尼斯旅行时，我还从未遇上这种事情，因为我在那些地方会留意藏好现金。1972—1973年，我在西班牙住过一年，我始终觉得这里是安全的，不必过于小心。显然，在过去的二十年里，这个国家变化很大，遗憾的是，变化是朝着不好的方向发展的。晚上，我悲伤地坐在宾馆里，因为警方的一则信息陷入沉思，三分之二的偷窃案件是由非法滞留在西班牙的马格里布人实施的。

我突然发现，一位留胡子的长者正坐在窗沿上。我一惊，他友善地冲我微笑："别害怕，我是一位朋友，你应该认识我。"

"我记不起来了。"我尴尬地说。

"你为什么来到西班牙？"

"一个关于拉曼·卢利的国际会议邀请我来参会，我研究过这位13世纪到14世纪的天才怪杰。"

这位老人开心地笑了。"一个关于拉曼·卢利的国际会议，在他去世后的七百年后召开！做梦也想不到！我在世的时候人们都认为我是疯子，而现在全世界的教授来讨论我的作品。是啊，这个世界的确是疯了，可是我还挺喜欢它的。这个世界是上帝的杰作，所以没有必要因为坏事而感到愤怒，否则就是亵渎上帝啊。你为被偷而生气，对所有马格里布人产生了坏的印象吗？这可以理解，但并不是聪明的做法。虽然你去抓那人没错，坏人、坏事不可姑息。另一方面，你的生命中有足够多的幸运，可以弥补这次损失。对待独腿的残疾人不仅要有同情，还可以更多一点尊重。"

"这些马格里布人……"

"我比你更了解马格里布，我的朋友，尽管当下的形势让人不安，我还是要告诉你：伊斯兰教是一种值得人尊敬的宗教，从阿拉伯哲学家那里我学到了很多。你知道，我曾经想劝伊斯兰教徒改宗成为基督徒，与他们的讨论给我带来了很多乐趣。基督教和伊斯兰教都是一神教，只是我们基督徒信仰三位一体和道成肉身。我尝试着用理性说服他们，因为我很快意识到，不能仅仅依赖信仰本身来布道，伊斯兰教徒信仰的是另外一种宗教。遗憾的是，今天在基督徒和伊斯兰教徒之间的对话越来越少。自从进入现代社会以后，我们的基督教文化变得更为强势（但这并不意味着，我们总是对的），这也使得两种宗教间的对话更为困难。道成肉身的信仰产生了对于历史的新理解，将历史看作一种进步。你不妨问问诺拉对于三位一体的观点。”

“你也认识诺拉？”

“当然啦，我很喜欢孩子。尽管我在蒙上帝召唤以后离开了我的家庭，可我为我的儿子写了一本书。”

“告诉我，拉曼，我们应该怎样与伊斯兰教徒相处？”

“相处的方式就是：对话，对话，对话。马基雅维利和霍布斯组合说得虽然有理，和平需要一个权力核心，但是，光靠暴力不能够解决问题。人们必须在基本真理上达成一致。阿拉伯人的传统里也有理性的部分，我们在这一点上可以达成共识。也许他们会意识到，我们的谈话是三位一体的上帝的象征。祝你开个好的卢利会议。我得走了，我要去和一位佛教徒继续谈话。”

这次相遇后，我的怒火消失了。在参观卡斯蒂利亚[1]的奇迹时，我常常想到，伟大的西班牙有很多方面得益于西方和伊斯兰教的文化融合。

你的维托利奥

① 卡斯蒂利亚，西班牙历史地理区，位于伊比利亚半岛中部，得名于西班牙语的“城堡”一词，是历史上卡斯蒂利亚王国的所在地。

1994年9月25日

亲爱的维托利奥：

你的来信太让我激动了！一个哲学家从书本里钻出来，突然出现在客房里，坐在了酒店的窗沿上，这种事情可不是天天都会发生。还有你在西班牙经历的这件事情，一定让你失望吧：对他人施以援手，作为报酬却获得了一个空空的钱包！利用他人的善意，做下肮脏的勾当，这是多么卑鄙。你追上这个流氓，把他打倒在地，做得太棒了！只可惜钱被偷走了。如果所有人或者许多人都这样肆无忌惮，当真的有人需要帮助时，很快就不再有人会心无芥蒂地提供帮助。幸运的是，你找回了你的身份证，可以顺利回国了。

你知道吗？我一丁点儿也不喜欢霍布斯。对他，我真的没什么可说的。他太爱讽刺人，甚至过于刻薄，马基雅维利就好多了。另外，愤怒不是一定要争吵，如果真的不得不有争吵的话，寻找合适的方法解决争端就很重要。

人们需要学会解决争端的合适办法，正确的“争吵”不必使用暴力。争吵也可以是非常生动和精彩的讨论，最后人们总得达成协议，尽管有时并不能找到共同的解决方案。当我们告诉他人自己的观点，提供支持观点的证据，我们就会重新获得自由，至少不会像在争吵之前那样感到愤怒！如果有人把暴力当作争吵的必然结果，那么争吵双方一定很愚蠢，他们没有更好的方法来支持自己的观点。暴力的方式背离了讨论的初衷，完全不能解决问题。遗憾的是总有这样的人，这就需要我们有一个国家政权来惩罚暴力行为。我也相信国家权力是必要的。只不过法律本身必须公正，不然人们就没有了公正的榜样，只会担心暴力会用暴力来偿还，这就与法律的初衷背道而驰了。你认为土耳其的酷刑合法吗，霍布斯？我完全不能认同！！！霍布斯，你的观点过于遵循“方法使目标神圣”[①]的座右铭，我不喜欢这一点。是的，有两种不同的权力可以左右民众：第一种权力来自人格尊严和魅力，比如马丁·路德·金，第二种来自人们对于权力的恐惧，为了不失宠而向权力（比如某个国王）献媚。

关于三位一体的问题，我翻来覆去地琢磨了很久，我不认为我能够认同基督教会的教义。尽管这是一个美妙的观点，但它难道不是有些异端的嫌疑吗？一个人，耶稣，就是上帝？我虽然相信，上帝以三种不同的位格出现：第一，上帝存在于一个没有对立和时间

① 原文为“Das Mittel heiligt den Zweck”，与马基雅维利的名言是“Der Zweck heiligt das Mittel”（为达目标不择手段）相反的，这是诺拉的笔误。

的世界中；第二，上帝降临人间，与他的造物即人类一起经历时间，与他们共喜同悲；第三，上帝还在人类心中播下一颗火种，向人类口中吹入一口灵气，人类有了神性。在教会里，造物主是“天父”，受难者是“耶稣”，火种是“圣灵”。我同意教会的这些教义，可耶稣是否就是上帝呢？我不能相信。耶稣自己也曾经向上帝祷告。我认为，他选择上帝作为人类的榜样，但并不是上帝之子。他“只是”以特殊的方式与上帝相联结，耶稣也知道这一点。在这一点上，我与基督教会不完全一致。卢利，你平息了维托利奥的怒火，真是太棒了。也许你能告诉我，三位一体究竟是什么，或者你的观点是什么。我同意你的观点，人们必须多多对话，尤其是基督徒和伊斯兰教徒。人们必须相互沟通、共同讨论，找到解决方案。这样，人和人之间的区别，是黄种人还是白种人，是犹太人还是基督徒，是中国人还是印度人，就不再重要了。人类要理解并能做到这一点，还需要很长时间。我愿意投身于维护世界和平的工作，希望我能做到，不过这是将来的事情。

昨天很高兴去你家做客！意大利饺子的味道好极了！一直都是那么美味！烹饪也需要好好学习，不仅仅是哲学。遗憾的是，你马上又要出差了。秋季假期我也许会去霍提剧团，现在就很期待。

眼下，我正在读你的书《乌加里特》（*Ugarit*）[①]，你知道的。好的，我马上就把这封信投入邮筒。

回头见！

你的诺拉

① 乌加里特位于叙利亚，阿拉伯世界古代文明摇篮之一，公元前 16 世纪，乌加里特王国创造了楔形文字。

亲爱的诺拉：

首先，祝你十二岁生日快乐！这是一个美好的数字，你到了一个美好的年龄，意味着某种圆满和完整。你正在逐渐告别童年，进入少年。你会遇到一些困惑，但我相信，你一定会克服这些困难，成长为一个带给世界很多美好的人。你在学生报上发表的文章，我都很喜欢，尤其是关于雨林的文章。你把问题分析得很清楚，你准备因此改变自己的生活方式，还有热情和干劲鼓励他人采取正确的行动。如果有很多诺拉，这个世界会变得更为美好！祝你在新的一年中继续拥有满满的热情，保持精神上的好奇和心灵的善良。我送给你的小书会帮助你更好地理解古代和基督教（思想）的区别。人们不应该忽视古代东方，比如叙利亚的乌加里特，我们西方文化最重要的根在古代和基督教（思想）。基督教（思想）将犹太教思想和希腊罗马思想合而为一。卢利在马德里对我说的最后一句话暗示，我们这个时代的一个任务是连接基督教和远东的宗教信仰。你发表的文章中正好也谈到了韩国，胡南会向你讲述更多关于她国家的事情。

你的信又一次给我带来了巨大的快乐，你们的来访当然也让我非常高兴。因为我下午才出发去旅行，就有些时间可以前往那家咖啡馆，暑期结束之后它又开张了，非常热闹。一些哲学家晒黑了，所有人都显得精神焕发。人们看到我，都兴奋地喊起来："这是那个诺拉的维托利奥，没有小哲学家的信可不许进来。"我挥挥你的信，开始大声朗读，我多次被打断。"如果所有人……都这样肆无忌惮……就不再有人会心无芥蒂地提供帮助。"当我念到这里时，康德插进来说："这孩子是个天生的康德主义者。她已经理解人们应该如何建立道德准则。人们先是进行思想实验，当大家遵循一个道德准则时，将会发生什么。如果结果不可接受或不被希望看到，那么这个准则就是不道德的。"

"什么是不可接受的结果，你判断的依据在哪里？"有人打断了他。

"这方面的讨论我们就不要再继续了吧，"我说，"诺拉还有其他问题，需要大家的帮助，我就继续往下读了。"当我提到，你不喜欢霍布斯，笛卡尔在一旁大喊："这个孩子的品位不错！我也认为他难以忍受。"

你又说，你还是更喜欢马基雅维利，这时，我看到马基雅维利的脸红了。当我读到，你不喜欢他的信条"方法使目标神圣"，可怕的霍布斯发出了令人毛骨悚然的大笑，直到笛卡尔呵斥他，让他注意形象。

"太妙了，"他说，"我总认为，像我这样的人应该会'为达目的不择手段'，可是诺拉把这句话颠倒了个儿。哈哈哈！她关于争吵和暴力的区分过于吹毛求疵。

我们知识分子特别擅长辩论，因此我们乐意将身体的暴力转移到辩论上来，这符合我们的利益，必须承认，这也是出于我们的权力欲。哈哈！如果土耳其的法律允许酷刑，那么这当然是公正的，因为公正的唯一标准就是法律。自然法学家认为可以树立另外一个标准吗？我不知道有什么其他标准！”

“闭嘴，流氓！”康德大喊。“法律当然有可能不公正，但是，国家不需要人民奴隶般的**畏惧**，而是需要人民**认可**法律是我们自由的表达，而我们的自由是来自责任和自律。”

“自由来自自律？这概念对我来说太高深了。”霍布斯发出嘶嘶的笑声，从咖啡馆里踱步走了出去。我舒了口气，终于可以摆脱这个阴险的家伙了。关于三位一体，他也不可能提供什么见解。于是，我在咖啡馆里继续为大家朗读你的来信，当我读到你对三位一体的观点时，突然咖啡馆里一下子寂静无声。最后，一个身材有些发福，穿着白色教团内服和黑色外袍、剃度了的僧侣站起身，大声说道：“无人可以理解三位一体说，我们只能信仰，也必须信仰，因为是教会的教义。谁若没有这个信仰，就该遭到诅咒下地狱。”

“啊呀，阿奎那，这个结论下得太过草率了！”有人喊。——是谁？当然是我们的朋友卢利，我刚才根本没有看到他，他冲我友好地挤挤眼睛。“上帝不会诅咒任何真心努力寻找答案的人，即便他失败了。正因为上帝希望受人爱戴，但是没有人会爱他不认识的上帝，上帝必须原则上是可以被理性认识的。因此，三位一体说是可以被理性理解的……”

“如果存在三位一体，”法拉比和穿着犹太教拉比服的迈蒙尼德说，“它却无法被理性解释，那么它就是不存在的。”这两位伊斯兰教和犹太教哲学家也加入讨论。

“你向他们说这个，你疯了吗？”阿奎那胆战心惊地说，“别忘了你的信仰。”

“可是，他们也信仰**他们的**教义，”卢利回答道，“我可别指望他们认为我的观点要比他们的高明，因为我自己也不愿意他们指责我的信仰。也许，我们和他们之间并没有很大的不同。”

“好的，卢利，直说吧。”法拉比和迈蒙尼德说。卢利在咖啡馆里环顾四周，看到角落里有一位年长的先生，留着大胡子，一副现代犹太人的打扮。“布伯，过来一下，”卢利招呼他，“请你回答一个有趣的问题。你是我的对话伙伴可以信任的人。请告诉我，你最重要的哲学经验是什么？”

“嗯，是关于‘我和你’的关系。我认为，将‘我和你’的关系归类为主客体关系是完全错误的，‘我和人’与‘我和自然界’存在着本质上的不同。”马丁·布伯说道。

“这种不同是高于还是低于主客体关系呢？”卢利

偷笑着问另外三位。

“当然是高于主客体关系！”有一人回话道，“谁不是对一个人比对一块石头要好？”

“请问：我们认为上帝有更高还是更低的能力？”

“当然是更高的能力，是最高的能力。”

“如果是这样的话，上帝不仅要思考面对一个客观世界，他必须在自身内部具备主体间性的结构。不然，他就是孤独的，无法建立一种主体间性的关系。”

“你说的一切，都很有道理，”法拉比过了一会儿说，“我必须承认，你的思想方式让我深受启发。我也还没有看出来，你推导出结论的两项前提，哪一项是我们过快得出、尚未考虑周全的。这两项看上去都没有问题，但是结论却不是我想要的。我虽然知道，如果前提正确，结论不应该有错。我的问题是，你们基督徒是多神教吗？你们不信仰很多神吗？”

“上帝不允许这样的信仰！”卢利激动地大喊。“当然只有一个上帝，但是他的本质内在是有结构上的区分的。只有一个上帝，在他的内在有一个合一的过程，有一个合一的时刻和合一的行动——即三重合一的结构。被上帝所造的大千世界正反映了这种三位一体的结构。你刚刚提到了结论，难道它不是由两个前提和一个结论组成？空间难道不是有三个维度？时间不是有三个时态：过去、当下、未来？”

“等一下，等一下，你变换了论证的策略。现在你说的是世界秩序中三个维度的意义，之前你说的是主体间性。此外，这是一个全新的论据，在你的著作中我还从未读到过，主体间性要求的是二，不是三！”

在卢利有些尴尬，不知如何回答的时候，黑格尔突然插话了：“是吗？想想家庭的组成。两个相爱的人，通过爱创造了一个新的人——孩子。”黑格尔不知什么时候出现在他们身边，认真地听他们讨论。

“你俩真是太机智了，”另外三人笑了，“我们需要认真考虑三位一体是否存在，得提醒阿奎那，我们显然没有因为不相信三位一体而受诅咒下地狱，死后也还可以来到这家可爱的咖啡馆，在这里我们过得尤其愉快。即便我们承认三位一体是符合理性的，诺拉提出的关于耶稣的不同观点也值得重视。直接把一个人认定为神，是不是有些异教的味道呢？”

“首先，非常重要的一点是，”卢利回答，“内在的三位一体和外在的三位一体之间要做出区分，也就是说，在创世前，当然也是在耶稣诞生前的上帝和人类历史上的上帝之间有所区分。前者很难，但是比后者要容易被理解。其次，还要区分两个问题，第一个问题是上帝是否道成肉身，第二个问题是耶稣是否是上帝在人间的化身。上帝是无限的，他必须创造能够表达无限的东西。无限空间、无限时间——所有一切对于一个无限的上帝而言无不适宜。重要的是，要将一个至高无上的本质，即一个最有道德的人，放到神的位置。”

“正确，”黑格尔接着说，“在上帝和世界之间的鸿沟必须被弥合，这只有当内心世界同样具有神性时，才有可能实现。什么配得上神性？最纯净的人。所谓上帝之子，也就是他心中的道德法则以无可指摘的方式成为现实。”

“那么，什么又是圣灵呢？”

黑格尔继续说道：“上帝通过耶稣只是实现自己意愿的第一步，并非到达终点。一方面是法治国家的实现，另一方面是信仰的哲学解读（当然，也包括教会史），两者都是圣灵的成绩。就在此刻，圣灵正在以非常强健的方式环绕在我们周围。”

“哦，唯理主义的怪物！”阿奎那激动地喊。

“只是，”黑格尔笑了，“受到辱骂而镇定自若，也是受到圣灵影响下的博爱精神的体现。”

旁听了这番深奥的谈话，我有些头晕。真高兴明天我要去给经理人开设讲座，都是些来自生活实践的材料。我现在，沿着你的足迹，正在利古里亚，我会很快出发去那不勒斯，一座哲学的城市，期待一些新的相遇。

诚挚的问候！

你的维托利奥

1994年10月27日

亲爱的维托利奥：

非常感谢你送书给我作为生日礼物，我开始读了几页，非常有趣，我很喜欢这本书，只是里面有些拉丁文句子我还不会翻译。我当然也很高兴收到你的来信，信中的这些哲学家妙语连珠！霍布斯走了，如果你还能遇上他，请告诉他，“手段使目标神圣”这句话是我的笔误。我指的当然是“为达目的，不择手段”。不过霍布斯以此狠狠嘲笑我，并不是什么糟糕的事情，我甚至能够理解他为什么要这么做：因为那些被大家讨厌的人，都特别喜欢在对手身上吹毛求疵。

康德，我希望能从你和咖啡馆的每位哲学家身上获得教益。有维托利奥在，他能够为我们牵线搭桥。

亲爱的咖啡馆哲学家，也许我们可以找个机会讨论，什么是“值得期许的”，什么是“不值得期许的”。听上去是个有趣的题目，不错吧？

让我们再回到“三位一体”的问题。

我与迈蒙尼德和阿尔法拉比一样，刚开始无法对卢利的论证提出不同的意见。

论证的过程没有错，我同样认为，最后的结论有些问题。上帝必须和人有一样的品性吗？！也许上帝不需要真的主体间性！上帝并不一定适用人类的法则，而是适用其他法则。即便上帝和人类遵循不同法则，上帝还是可以和人类建立联系。我们人类身上毕竟还是有些神性。如果上帝在他的内部建立了主体间性，我们就不必为了建立与他的关系，而需要认识上帝。

另外，卢利也有些自相矛盾的地方：他有一次说过，三位一体必须可以被人类理解，才能被信仰。另一次又说，为了建立与人类的联系，上帝可以是三位一体。这就令人费解了，尤其是对于我们可怜的人类理智来说，难道不是吗？我就无论如何不能理解，你能理解吗？你知道，这让我想起了谁？库萨的尼古拉。他说过，在上帝内部，对立被取消了。在这个意义上，三位一体才可以被理解，上帝既是一又是三……

我不知道应该信仰什么了。我也不愿意反对三位一体，因为我自己也是基督徒，现在正在上坚信礼课程。

另外，我的愿望实现了，终于，我又一次与其中一位“智慧的大脑”相遇了。

这些哲学家出于不可解释的理由，有时候会出现在我的学校周围。这也许是因为，我的学校离火车站只有十分钟的距离。我正走在从学校到火车站的路上，独自一人，因为合唱团排练是在放学后一小时，我又是合唱团里唯一乘火车的人。火车站里几乎空无一人，只有最后一排坐着一个男人。我坐在他边上，并没有特别注意他。

我有些觉得无聊，还要等一刻钟火车才来。我取出宗教课本，打算随便翻翻，我们正学到伊斯兰教，我也扫了眼犹太教的章节。我的目光停留在了画有一个拉比肖像的页面上，因为这时，身边的男人突然说道："哦，这位先生与伊扎克拉比有些相像！"

"与谁相像？"我问道。

"伊扎克拉比。诺拉，你是基督徒，当然不知道谁是这位伊扎克拉比。他是位古代犹太学者。在他的帮助下，我完成了我的《人类的道路》（*Der Weg des Menschen*）！"

"布伯！在这里遇到你真是个惊喜！你在这里做什么？"

"我在等火车，要去埃森那家著名的咖啡馆。"

"我们同路。这太好了。既然我们在这里相遇，我们必须利用这个机会，讨论一些重要的问题，"我说，"布伯，谈谈你自己和你的人生吧。"

"我正在修改'人类的立场'一章，我得向所有感兴趣的人解释清楚我的意图。"

"那就先试试告诉我你的想法。"

"好的，我们开始。如果我犯些错误，你可不要见怪。因为年纪不小了，我有些糊涂。你相信梦或者幻象吗？"

"这要根据情况而定，一般不信。"

"好的。但是一位来自克拉科夫的艾斯克先生却相信。”布伯讲述了桥下宝藏的故事，然后说道：“我是如此解读这个故事的——我们应该从我们站立的地方开始‘挖掘’。也就是说，我们不能等待一夜暴富。在这种情况下，我们应该开始做些好事，开始推动和平。人们在自己身上就能发现宝藏和天赋。不必去遥远的地方，人们得进入自己的内心旅行，从内心发掘出来的宝藏经常可以把上帝带到人间……”

“这是什么意思？”我好奇地问。

“我们可以把上帝带到人间。我们只要向他祈祷，信仰他，试图理解他，他就会来到我们中间，来到我们周围，这样，终有一天，他会被我们带到人间，我们可以把上帝与我们的世界合而为一。”

“你认为，天堂会在人间实现吗？这又意味着什么呢？”

“我相信会实现，否则我们人类在地球上就不会有真正的目标。另外，天堂也必须能够被我们所理解，否则天堂就不是为人类而建的，不然我们就必定是天使了。”

咔嚓咔嚓，我们的火车进站了，停靠在了我们身边的站台上，我们上了车。布伯回答了我的问题，因为周边嘈杂，我听得不是很清楚。到了车上，我忘了由头，就没有再提这个问题。可惜，坐了一站后，我就得下车了。

“再见，布伯。很荣幸与你进行主体之间的交谈！”

我大声说。

“我也同样感到荣幸，请代为问候维托利奥！”

咔嚓咔嚓……火车又出发了，我挥了挥手。维托利奥，我向你转达马丁·布伯的问候。

现在我正在阅读爱因斯坦的一本传记，非常精彩。他发现了那么多理论！你在那不勒斯过得怎么样？你早就回来了吧。

你可以在绿色和平组织的倡议书上签字吗？就是反对砍伐雨林的倡议书。我已经收集了六十多个签名。

妈妈和爸爸明天前往以色列的耶路撒冷，我们有一周时间独自在家，也许等爸妈回来之后我们还能再次见面。

致以问候！

你的诺拉

埃森，1994 年 11 月 3 日

亲爱的诺拉：

这真是一封十分精彩的信！我的等待是值得的。你的思考是多么清晰和聪明，你的知识、你描写的与哲学家的相遇又是多么令人赞叹！我毫不奇怪，这些哲学家喜欢在你学校附近游荡——像你这样清醒而又可爱的讨论者很难被找到。你也知道，咖啡馆里老男人的味道，时间长了会让人厌烦，孩子清新的观点为哲学家的思想带来新的生机！你遇上了马丁·布伯，这真是太好了。可惜，火车发动引擎的声音打断了你们的谈话，关于人间天堂的可行性没有被讨论下去。这是一个非常重要的问题，我们必定会继续讨论。但在这之前，我得告诉你我在那不勒斯的冒险经历，因为这与你有关，也能够解释，为什么哲学家寻求与孩子对话。

正如你知道的那样，那不勒斯是一个极其喧闹，但又激动人心的城市，既疯狂同时又精彩。交通完全无序（也就是说，虽然交通标识完全不被重视，人们总会以某种方式互相理解），街上垃圾遍地，犯罪率高——可是，这里的哲学也兴旺发达。在老城里面，偶尔有类似中世纪的游行队伍穿城而过，在卡萨诺塞拉宫中有一所著名的哲学研究所，由富有而又高贵的法学家杰拉多·马洛塔赞助成立，我曾在那里发表演讲。

在你生日那天晚上，我结束了演讲和激烈的讨论之后，急急忙忙赶往富丽堂皇的圣卡罗歌剧院，观看了海顿谱曲的歌剧《月亮的世界》，我笑得眼泪都流了出来：人总有异想天开的天性，爱听好话，落入谄媚之人的圈套。想到这里，我有些怅惋，离开歌剧院，便前往普雷比席特广场。广场四周被教堂的廊柱厅所包围。我在甘布里努斯咖啡馆的一张小桌前坐下，点了一个柠檬冰激凌，这里也是贝内戴托·克罗齐经常来的地方。我凝视着月亮，陷入沉思中，月亮似乎离我们很近，我问自己，期待在月亮上看到什么。这时，月亮上的男人突然出现了，从月亮落到我们古老美好的地球上。我害怕地闭上了眼睛，因为我担心，他可能会砸到我身上。什么也没有发生。过了一会儿，我重新睁开眼睛，发现我身边多了一个人。一位有着深色眼睛和鹰钩鼻的先生向我微笑，他看上有些面熟。我有些发蒙，一时记不起他是谁。

"你应该希望在月亮上看到诺拉，但她正在德国的家中，和亲爱的祖母一起庆祝生日。于是，我作为诺拉的替补出现了。请允许我自我介绍，我是诺拉的哲学保护人。"

"哲学保护人？"我迷惑不解，"什么意思？"

"是这样的，通常孩子们都有个保护天使。具有哲学天赋的孩子就会特别获得一位保护哲学家，关注他们的精神发展。你知道，诺拉身上发生了很多事情，她遇见过许多位哲学家。但是，小诺拉真正的哲学保护人本尊正是在下，尽管她还没有见过我。”

“你叫什么名字？”

“这得由你自己来找到答案。我们可是在那不勒斯——一座哲学之城。”

“毫无疑问，”我说，“在奥斯陆有乔斯坦·贾德，在这里就有德·克雷申索，从欧亚大陆的北部到南方，都有哲学普及者。但你应该不是德·克雷申索？”

“不是，不是，”他笑了，“我应该算是与他相反的一种类型。我发表专著的时候，并未引起人们的关注，而今天却有很多人谈论我——而德·克雷申索的遭遇应该是倒过来的。”

这时，我脸发白，我认出他来了！我曾经在闾滕赛忒的咖啡馆里与他相遇，我还经常凝视他的肖像和塑像。海顿的音乐让我对这个最熟悉不过的人暂时失明了。

“维柯！”我喊道，“请原谅，你的翻译者竟然需要费力才能认出你。这真是难以言表的尴尬，我非常高兴，由你来担当诺拉的哲学保护人。”

“我也很高兴，”他笑着说，“因为我是最早研究儿童的哲学家之一，对儿童独特的思考和感知方式感兴趣。因此并不奇怪，选我来担当诺拉的哲学保护人。

卢梭尽管也参加了竞选，可是诺拉说过，真正的儿童之友不会将自己的孩子送进养育所，这句话就让他落选了。而我写《新科学》的时候，我的孩子正在我周围嬉戏。”

“我知道这件事，这让人很感动。我想不出比你更合适的人选担当诺拉的哲学保护人。”

“谢谢，谢谢。除了出于对孩子的喜爱，促使我担任诺拉的哲学保护人的另一个原因是我的一个研究计划与此相关。正如你所知道的，人类和人类个体平行发展：早期人类如同儿童时期，具有更加发达的想象力和情感；后来的人类如同进入成年期，理智取代了情感。荷马的创作激情到我们这个年代已经消失，三十岁的诺拉也不会像今天这样随心所欲地写作。另外，我认为，尽管人类趋向理性的发展总体上是好的，但是依然存在着问题。缺乏情感的思考会导致唯利是图的野蛮，也就是说，思考却没有信仰，只顾自私算计的虚伪，唯利是图、不负责任。古罗马正是因此而没落，现代欧洲也因此受到损害。我们只能通过儿童和原始文化中天真聪慧的善意来获得新生。因此，我非常看重诺拉为保护印第安人和他们的热带雨林所做的努力，因为现代科学的自毁倾向对儿童的影响最为强烈，他们必须早早开始学会抵御这种侵害！我同样认为非常重要的是，诺拉不仅关心当下和未来，也关心古代文化。充满悖论的是，只有当人们熟知了古代精神中的珍宝，才能有效抵御我们这个时代的危险趋势。谁若熟悉希腊文化，他就会最容易理解我们这个世界所面临的危险——对于无限的推崇取代了界限感和约束意识。”

“您说得很对，”我回应道，“因此我希望，诺拉将来会学习古希腊语。”

“说到希腊语，我们正在广义的大希腊国土上，一到晚上，‘新城’[①]里的古老希腊就再度复活了。你知道波西立珀吗？”

“我怎么可能不知道呢？在那个美丽的海湾上有维吉尔的别墅，我在翻译你的著作的时候，也在那里住过不短的一段时间。”

“波西立珀这个地名出自希腊文 πανσιλυπ，意思是痛苦终止的地方。今天那里正在举行一场美好的聚会，我们应该过去。”

“我们受到邀请了吗？”

“当然啦，”维柯神秘地笑了笑，“诺拉的哲学保护人和她的通信笔友不应该缺席。”

他挥手招来了一辆出租车，我们上了车，令我们惊讶的是，出租车司机的穿着打扮是一个希腊人的模样，与当代那不勒斯人不同。他冲我一笑：“今天这个时代载人的不是马车而是汽车。尽管如此，我们还是

---

① 那不勒斯在希腊语里是新城的意思。

能够抵达真理，虽然现在我们不像过去那样与自然联系紧密。”

“亲爱的巴门尼德，”维柯回应道，“还是有时间，你既然说到过去，显然就还有时间。我还以为，你只认定有纯粹的存在而没有变化。”

“自从读过你的书之后，我就修正了我的观点，但是阿尔伯特又一次前来复仇。因为一切都是前定的，每一刻都包孕着所有将来的时间，因此，时间不过是一个幻象。”

不管是不是幻象——我们很快就来到了波西立珀。在悬崖上的一块广阔草坪上可以眺望卡普里岛，有很多人已经到了，几乎整个闾滕赛忒咖啡馆的客人都在这儿，还有一些陌生人。大家手里拿着水杯（其中一位用手捧着水，这位当然就是第欧根尼），我们下车的时候，所有的人都在合唱：“祝你生日快乐，亲爱的诺拉！”

赫拉克利特最后对巴门尼德说：“你知道吗？万物皆在变化中，时间是唯一的力量。让美好的时光永远驻留，这是人们努力想去实现的美好幻象——当然，人们过后就会发现，我们很快就老去，时间决定了我们所有人的命运。”

“时间也不过是个幻象。”巴门尼德嘟囔着。不过他很快觉得现在不是争论哲学问题的时候，这会破坏派对的气氛。

亲爱的诺拉，希望我的信给你的新一岁带去许多欢乐！

你的维托利奥

1994年11月27日

亲爱的维托利奥：

非常高兴收到你的来信。你的信写得真好，充满教益。我还从中偶然得知，维柯是我的哲学保护人！我们还发现我的哲学保护人的办公室是在月亮上。因为维柯是从月亮上下来拜访你的。也许你自己有时候也在月亮上为某个孩子提供保护？！

真遗憾，我非常非常想出现在我的生日派对上。我会带上一个蛋糕（因为我们俩都特别喜欢蛋糕）。我必须问问维柯，他是不是也喜欢蛋糕，我相信他一定喜欢。

在生日派对上，第欧根尼也可以从杯子里喝水，否则节日对他就不是什么新鲜事了。你看，那不勒斯司机的所作所为并不符合霍布斯的名言："人对人像狼一样。"因为在这里，人们没有交通标识也能相互理解。人类其实并不笨！

人类与历史平行发展的观点其实是正确的，一个例子便是人们对神的信仰。人们想象出一些神，这些神适合人类，能够被人所理解，这种信仰其实类似人类童年期的想象。一神论是理性的进步，成熟和聪明的表现，也就是人类走向成年期。维柯有一个观点我非常赞同：人们应该更加关注人类和地球的问题，而不是总是试图去发现上帝或是解释上帝。不过，无论如何，信仰是个引人入胜的话题。

“欧洲受到了伤害”，维柯这句话是什么意思？按照黑格尔的想法，一切都在进步，人类总是在向前迈着小步。尽管中间总会出现一些危险和人类的堕落，但是我们总是会学到新事物，并以非常缓慢的速度找到真理。欧洲正好走在统一的道路上！这可是一大进步。欧洲大陆上的公民，不要只围着自己的利益打圈圈，也要认识和关心欧洲其他开放国家。我相信，欧洲已经走上或者至少将要走上进步的道路，这样我们就成了其他国家和大陆的榜样。只有前南斯拉夫国家还不安宁！它们也属于欧洲。但是也许我们西欧国家可以联合起来，终止那里正在发生的战争。

让我们来讨论“人间天堂”，这也属于人类进步的主题。我想，无论如何，人间天堂当下是可以实现的。因为，首先，人间天堂应该是为我们人类准备的，因此我们必须能够理解它；其次，如果没有伊甸园的降临，地球的存在又有什么意义？！我们人类必须致力于实现善的统治，循善而行。否则，如果我们不为之而努力的话，人类内在的善和神性就是多余的。况且我们也确信，善必将统治世界！如果我们不循善而行的话，这一认识也是多余的。我们希望，终有一日，一切都将变好。首先我们必须能够在人间建设天堂。然后，当上帝看到我们已经足够成熟，他就会将我们带去灵魂的世界，那里是永恒之境！我相信，我们将会成功。可是，你知道，我想到了什么？那些犯下恶行又不知悔改的人，在天堂里会遭遇什么？你相信最后的审判吗？我还不是很了解它。

时间是不是一个幻象呢？对于这个问题，我还得好好想想。我现在想到的是，时间是不是一个幻象，这个问题对于我们人类来说，其实并不重要。就算时间是一个幻象，我们又能知道些什么？我们又将如何？我们还是得在时间和空间的限定中继续生存。当然，话又说回来，探索时间的秘密是件令人兴奋的事情！巴门尼德的观点很精妙，他说得没有错：无只能产生无。但我确信，也许正是在此处，上帝起了点儿作用。

我正在阅读《尼伯龙人的传说》(*Nibelungen-Sage*)。之前我读过两本骑士小说：《帕尔齐法尔》(*Parzival*) 和《谷德伦》(*Gudrun*)。中世纪真的是非常吸引人！

再见！

你的诺拉

又及，希望很快再见！

埃森，1994 年 11 月 29 日

亲爱的诺拉：

非常感谢你的来信。今天我从大学出来后，拿着你的最新来信，径直来到咖啡馆。咖啡馆里的人们几乎疯了，我有一段时间没去咖啡馆了，那里的哲学家几乎快要等不及了。大多数人已经知道维柯被任命为你的哲学保护人，我得告诉你，这个可怜的人不得不因此而受到一些人的嫉妒——这个名衔炙手可热。卢梭整整一个月对他不理不睬，霍布斯不放过任何一个机会打趣他，看看维柯有没有长出翅膀——因为真正的哲学保护人在外表上也必须得和保护天使相像。是的，哲学家也是“人性的，过于人性了”（尼采语）。我很高兴，你认为我也可以成为哲学保护人。我想象不出还有比这更美好的在彼岸世界的工作。可惜的是，我去世后，你可能就长大了，就不需要哲学保护人了。（我当然希望我还能多活几年，尤其是因为在彼岸世界里，我的理想职位早被人占了。）

另外，你关于那不勒斯司机的评论也很快引起了大家的关注，其中有一位优雅的美国人，人们叫他劳伦斯，人们告诉我，他是受到一位哲学家的邀请来到这家咖啡馆，因为他其实从事别的职业。他大声喊道：“这女孩真聪明！她发现法律和规则仅仅是规范生活的一种可能形式，而给予和接受（比如优先行车权）是解决社会问题的另外一种方式。现在只要在此基础上添上发展的概念，她就会发现，在历史上，法律和秩序下生成的道德观念比单纯的交换方式要晚一个阶段，无论是在人类个体还是群体发展上，都是如此。我必须承认，这个孩子让我感到紧张。虽然她会是一个很好的对话伙伴，却会是一个让我不安的研究对象。根据我的儿童理论，她的哲学思维方式与年龄不相符合。也就是说，不是我的理论错了，就是诺拉压根儿不存在。”

听到这里，霍布斯大笑着告诉他：“倒是你，还有我们，不存在的可能性更大！大多数成年人都是这么认为。而诺拉的天真表现在，她相信维托利奥告诉她的一切。我打赌，她还在相信有圣诞老人！”

就在这时，门开了——圣诞老人走了进来！霍布斯惊得连下巴都快掉了。

“嗨，霍布斯，”笛卡尔喊，“你被吓到了吧？你感到自己被否定了，尽管你没有意识到，你对自己存在的否定要更加离谱。什么时候你能够学会自我反省？”

圣诞老人摘下了自己的大胡子（原来是假胡子），人们认出了他——锡诺帕的第欧根尼。“孩子，孩子，”他叹气道，“也许我说得有些夸张，这个社会的消费主义已近乎疯狂。我刚才去了卡尔施塔特商场，打扮成圣诞老人的模样，为的是亲身体验一把消费热。太可怕了，许多孩子已经沦为消费热的牺牲品，他们什么都想要，理由是他们的同学什么都有：立体声、随身听，还有手机……没完没了。CD 播放机大受欢迎！老柏拉图至少在这一点上说得没错，媒体深刻地影响了信息。书本驱逐了真正的对话，CD 播放机使得听音乐变得非常容易，不再需要人们做全身心的准备。以前，人们只有在复活节才能听到巴赫的《马太福音曲》——在斋戒期过后，经过了身体的断食、灵魂的净化之后，人们才能被允许享受这部福音曲。而今天，每个人都可以吃着早餐、看着报纸，或者在音乐店里听几个小节巴赫的《马太福音曲》，又随时可以把 CD 机关掉。”

“我特别担忧的是，”奥古斯丁摇着头说，“这种消费狂热成了圣诞节的全部。基督教在创立之初帮助我们摆脱了享乐主义的陷阱，这个宗教节日的意义如今却萎缩成了礼物和包装。”

“欧洲是不是真的能够解决自己的问题，特别是欧洲是否能够限制自己的物欲享受？”一个带有浓重瑞士口音的人说话了。（咖啡馆里没有几位瑞士人，他的口音引人注目。）“黑格尔的乐观进步主义到了多灾多难的 20 世纪，看上去是多么的幼稚！”

“不过，布克哈特，”康德喊道，“你可以批评黑格尔，但是我们还是要给孩子勇气，你们悲观主义者只能把情况搞得更加糟糕。你们的预言将会成为一种心理暗示而自行成为现实。人们一旦失去了希望，就会不再努力。人们必须警惕我们面临的所有危险，我们尤其必须认识到，不是所有我们的愿望都是值得期许的。我相信，我们所能获得的最美的圣诞礼物，是我们的愿望都是在可以被期许的范围内。不是我们所有的愿望，而应是正确的愿望获得实现，其中也包括——知足常乐。一种更为简朴的生活方式，是我们所能获得的最有价值之物。”

“今天的人类不再因为战争和疾病受到威胁，至少在我们所处的西欧世界不再是这样，最大的威胁来自人类的技术成就，技术会成为灾难。这难道不是一件可怕的事情吗？”一个熟悉的声音传来，我循声望去，是汉斯·约纳斯。

“您怎么出现在这里？”我惊讶地问。

“还能出现在哪里？”他友善地微笑。“不过，你得告诉你的小朋友，‘人间天堂’不是永远都是好的。我欣赏诺拉为实现人类公平而努力，但是有时为争取善而做出的抗争会翻转成为灾难，比如历史上的一些失败的公社实验！”

“汉斯，我亲爱的同名者，”一个阴郁而神情高贵的男子开口说话，我马上认出这是一个西班牙人，“当人们忘记了原罪说，就会出现这种情况。”

“曲木不可直也。”康德说话的声音沙哑。

这位西班牙人继续说道：“当人类妄想可以将人间变成天堂，人世间很容易就会变成地狱。生命的意义在于为善而战，但我们无法将恶完全从这个世界清除。这要在另外一个世界才能实现。”

“那么这个另外的世界里也有地狱吗？”我问道。“诺拉一定想知道。”

“永远不会有地狱，”一位身材魁梧的男子突然高声喊道，“上帝之善怎会容忍地狱的存在？”

“啊，奥利金，”奥古斯丁插嘴说，“什么时候你才能放弃你的异端邪说。”

“听着，奥古斯丁。按照你的说法，我现在得在地狱里烤着，可我坐在咖啡馆里，在这里感觉好极了。所以，没有地狱。”

“好吧，对你来说地狱不存在。我有些过于武断，认为你在地狱里。可是，你认为地狱里没有人，也是操之过急了。那些真正的恶人应该去哪里呢？我说的不是可爱的异端分子，我现在挺喜欢和他们讨论问题的。这家咖啡馆的确是蛮舒服的。”

“你难道对他们没有同情吗？他们按照上帝的意愿成了恶人，上帝可以将他们放入炼狱里受到净化，可不能让他们在地狱里永不翻身。”

“我们又遇到了自由问题！圣诞节前不适宜吵架，我们还是问问诺拉，她认为犹大是在地狱里吗？”

是的，亲爱的诺拉，这个问题让咖啡馆里的客人伤透了脑筋。他们需要帮助！快快回信吧！

你的维托利奥

1994年12月23日

亲爱的维托利奥：

抱歉我还没有准备好正式回答你信中的问题，现在这封信只是一个暂时的回复。给你的圣诞礼物也还没有准备好，真的是非常抱歉。你的信带给我很多教益。我马上决定不要CD播放机了，当然，这也是因为我遇上了第欧根尼。（他在商场里兴致勃勃地打量一台CD播放机，一边嚼着小熊糖！）他来看了我。你认为，第欧根尼今天还会住在一个桶里吗？我不这么认为！

关于人间天堂：如果有些人将地狱排除在和平计划之外，他们就没有真正理解和平和人类。我相信人间天堂将会实现。当我们做到了这一点，天堂就会来临。

写给霍布斯的话：亲爱的霍布斯，我相信有圣诞女士！人类赋予快乐一种神圣精神，我们经常能感觉到它的存在。你难道没有察觉到这显而易见的秘密吗？！圣诞女士并没有实在的身体，她是一种圣诞精神。当人们真心实意地庆祝圣诞，为圣诞而欢呼时，她就在场。可惜，她显然没有去你那里，不然也许你不会觉得相信圣诞老人有什么好笑！圣诞女士也不分发圣诞礼物和圣诞树，而是带来欢乐和精神！圣诞快乐，你的诺拉。

维托利奥，能帮我转交这封短信给霍布斯吗？昨天我担任了圣诞马厩剧的导演，我也在其中担任一名演员，我演客栈主。剧本是霍提写的，写得非常好。你和你的父母好吗？希望你们一切顺利！我们也一切都好，非常期待明晚的到来。我的愿望是书、琴谱，也许还有一个相机。看看是不是有些愿望能够成真。我坐在桌边，看着窗外。天色马上就暗了。今天是第一天霜降。你们那里也是这样吗？昨天我们在准备圣诞合唱。太棒了！在最后一曲合唱时，我看了看十字架，似乎看到了耶稣在上面微笑。希望他真的笑了！祝你和你的家人圣诞快乐、新年顺利！（妈妈、爸爸、奶奶和贝蒂娜同样问候你。）

你的诺拉

又及，期待歌剧，到时候见。

一首诗

米开朗琪罗的雕像，
仅仅需要
凿去多余的石头。
同样的原则是否也适用在人类身上？
很多人未经雕琢。
尽管如此，一块粗糙的石头，

并不只能配上一把粗糙的斧头。

难道你没有听到鼓手，
在你心中不断敲响，
突破重重阻挠，
突破敌军阵地？
听——他会告诉你：
当一切不再激荡，
就意味着，
不会再有生命运动。

走向内心，成了时髦，
听从内心，似有所悟，
奇怪的是，内心如此细腻，
外表却常冰冷如石。

你站在初始，不知何去何从——
有人指点方向。

听从你的鼓手……
那是你的心。

（荷兰歌手罗伯·克里斯平的歌，
德语译者托马斯·沃克维齐）

我非常喜欢这首诗，尤其是在圣诞节期间，这是一个神父教我的。

1994 年圣诞节

亲爱的诺拉：

昨天是平安夜，你的信准时到达，我非常高兴。我马上就把你的信读给我的父母和姐妹听，他们也同样认为，你的信非常适合圣诞节。我尤其欣赏你在给霍布斯的信中说：你相信有圣诞女士。也许霍布斯这位愤世嫉俗者也是个大男子主义者。在雷根斯堡这里，我还从未遇上他，这些日子他也许躲到什么地方去了。我如果遇到他，会给他几颗小熊糖尝尝——味道真不错，谢谢你的馈赠！你的圣诞礼物没有按时准备，不要为此而担心。心意已经收到，况且，我们要到 1 月初才见面。

你们家的平安夜过得如何？一定很好！我们过了一个愉快的平安夜，谢天谢地没有很多礼物，但充满着浓厚的圣诞气氛。今天我去了哥特式的雷根斯堡主教堂，参加大弥撒。雷根斯堡主教堂的麻雀世界闻名，它们的歌声动人。三堂式教堂里有着古老的彩画玻璃窗、金碧辉煌的大祭坛和美丽的雕像——笑盈盈的报喜天使，玛利亚显得有些羞涩，但又笃定地接受了受孕的喜讯。当灯光熄灭，平安夜的歌声响起，伟岸的大教堂似乎也融化为一种音乐的形式。颜色和声音之间似乎存在某种奇怪的关联。颜色有时化为声音的形式，而声音有时似乎是有颜色的，你也会有类似的感觉吗？在不同的感知方式之间似乎存在着某种神秘的关联。不过布道并没有多么打动人心。而要在阅读完《约翰福音》前言之后再想说出些有新意的东西，也并非易事，神父们经常会转向政治话题。基督教对当今社会的各个领域，包括政治，都会产生巨大的影响力，指出这一点，当然很重要。但若要给出好的建议，演讲者还得具备社会科学的知识。不过话说回来，天主教徒并不特别看重布道辞，在这样一场美轮美奂的大弥撒中，信徒的情感和所有感官都已经被浸润和深深打动。

教会试图去理解人类的非理性，我认为，这是一件极其符合理性的事。如果人们不关注非理性，它们就会来报复。在回家的路上，我和往常一样，路过俾斯麦广场。这时，一位身穿白色多明我会僧袍的男子引起了我的注意，他光着脚，正向多明我会教堂走去。“好吧，”我想，“虽然这还不是第欧根尼的木桶，但这么低的温度，他一定会着凉的。我可以从我的圣诞礼物中找几双袜子送给他。”

我向他走去，告诉他：“神父，您会着凉的。”

“别担心，我习惯了，”他回答说，“寒冷的气温会让我保持年轻——甚至是永远年轻。”他冲我挤挤眼睛。

我打量着眼前这位瘦削的老者，看上去有些眼熟。我的思绪回到了中学时代，也许是我的一位老师？我尴尬地微笑，装作认出他的样子。

“真高兴又见到您。您退休了吗？还是仍在教课呢？”

“我从来没有停止教书——虽然从我的教学中留下的，并不一定属于我。不过我早从这里的主教职位上退下来了。”

主教？我在脑子里过了一遍我的老师，在我的中学里还从未有哪位教师担任过主教。这位先生是疯了吗？他又冲我挤了挤眼睛，大声说道：“挤眼睛不是我的怪癖，相反，你还从未见过我挤眉弄眼的样子。日日夜夜你看见我都是睁大眼睛注视世界的样子。”

听到这里，我几乎要石化了。这位是大阿尔伯特，曾任雷根斯堡教区的主教，我们学校前竖立着一座他的石像，上学时我千百次经过这座石像。

“啊，阿尔伯特，请原谅，我没有马上认出你来！”

“没有关系，”他说，“我原谅过比这严重得多的过失，而且不仅是在圣诞期间。别担心，人们只能认出那些符合他们期待的人。我得承认，我出现在这里会让人们大吃一惊。”

“的确会是这样，不过，作为哲学家应该始终做好准备迎接惊异。惊异是哲学家最重要的能力。无论如何，遇见你，我非常高兴。遗憾的是，今天不是你在主教堂里布道。”

“为了弥补这个遗憾，你可以和我们去参加一次宗教谈话。我约好了……”

“迈蒙尼德，或者是阿尔法拉比？”

“那就太简单了。今天我要和老子谈话。他正在教堂里等我，和我一起来吧。”

这座教堂比主教堂小得多，我们一起走了进去。一个秃顶的亚洲人，笑容可掬地迎上前来。

“你好呀，阿尔伯特！你带来一位朋友参加我们的辩论吗？你们西方人，总是喜欢辩论！我正在观察祭坛旁的马厩，思考了道与这位新生儿的关系。最后我都有些糊涂了，我到底是正在观察小耶稣的老子，还是正在向老子微笑的小耶稣。”

“是的，我们对于积极生活的看法与你不同，老子。你知道，作为主教我要完成多少组织协调的工作！这些工作不停地打断我的沉思冥想。但是除此之外，公义也是我们的责任所在，这需要我们行动、管理和组织。”

“我推崇无为，”老子微笑道，“伟大的人无为而治，道我合一，动胜于静。”

“我同样觉得伟大人物的魅力无穷，也正因如此，我们要庆祝圣诞节。”

“你也许需要庆祝圣诞节，不过你虽然永远年轻，也去世太久了，即便没有我去世得早，但至今也有七百年了。你们的城市在节日里灯火辉煌，商场里到处都是急急忙忙寻找礼物的人，看到此情此景，我有些怀疑，人们是否还能感受到这个新生儿身上的光芒。但愿西方人把他们的组织才能至少用在减轻痛苦之上，但是他们常常用自己的能力压榨别人。阿尔伯特，你得回答我一个问题，这个问题困扰了我很久，你们基督教神学家费尽口舌，试图证明基督教要优越于其他宗教。”

“是的，因为与你们的宗教不同，我们的宗教建立在希腊哲学的基础之上。我们的宗教从诞生之日起，就与逻各斯密切相关。这个新生儿就是一个逻各斯的化身。”

“也许你说得没错，可是你认为你们欧洲目前的处境真的如此吸引人吗？”

“没有，没有，”阿尔伯特摇摇脑袋，“我觉得欧洲目前的处境非常糟糕。物质主义远远背离了基督教的根基。咖啡馆里持历史主义观点的朋友曾经告诉我，中世纪基督教与原始基督教的观点已经相距甚远。而今日社会对于基督教的理解与原始基督教更是相距十万八千里。”

“的确是这样的。那么我就又有一个问题：为什么你们的文化，一个因为自己的宗教而感到骄傲，并将自己视为人类发展巅峰的文化，却造就了这样一个小人横行、消费主义甚嚣尘上的社会呢？只有在西欧，无神论才成为一个群体现象——即便在中国，无神论也是从西方进口的。为何在基督教的基础上产生了一个无神论的社会？”

“唉！”阿尔伯特长叹一声，“但愿我能回答你的问题！随着近代的开启，殖民运动将基督教带到了世界各地，遍布整个地球。有一段时间我认为，基督教迎来了自己的荣光。今天当我看到大众媒体宣传的欧洲基督教文化时，却感到不安。环境污染也让我深深地忧虑。”

“你们基督徒在上帝和自然之间造成了巨大的分裂。”

“不，不是这个原因。我认为自然也是被神性所充满，自然是有神性的，但并不是与上帝同一的。将两者等同起来，意味着剥夺人类超越自然、通向上帝的可能性。上帝既不是，如你所认为的那样，等同于自然；上帝与自然的关系也不是，如我之后一些神学家的观点——随意的。上帝的理性显现于自然秩序中，但是超越了自然。”

“是的，但是正因为你们欧洲人不把自己看作自然的一部分，就总有一种欲望，想要改造一切、改变一切，无法接受事物本来的样子。”

“的确是这样，但是有些事物必须被改变。面对不公，我们可以保持沉默吗？难道我们不应该为人类在世间的福祉而努力？”

“当然是这样的，我们应该帮助所有人过上充实而长寿的生活。但是当基本需求得到满足之后，就应该约束欲望。而在这一点上，你们的文化被证明是束手无策的。”

“再说一遍，你的批评是有道理的。但是我觉得奇怪和无法解释的是，为什么目前这种状态恰恰是基督教社会中形成的。对我们基督徒而言，上帝的意志也显现在历史中，于是我在思考，在这一可以被称为‘基督教的消解’的历史阶段中，上帝的计划是什么。”

“也许通过危机可以使基督教变得更为谦卑？基督徒应该认识到，上帝也可以显现在其他宗教中，为了人类的和平共处，必须准备迎接新的情况。你不再视我为异教徒，愿意与我讨论问题，就是一个伟大的进步。”

“是的，”阿尔伯特微笑着说，“这也许是一种答案，但仍有许多悬而未解的谜团。”

“谢天谢地！如果所有的谜底都揭晓，岂不是无聊透顶？一方面，我可怜今天的人，他们不再能够和我们一样，俯仰可观、漫游于天地之间，他们最多只能坐在咖啡馆里，与听说过我们的年轻教授和小女孩聊天；另一方面，我又嫉妒他们，因为他们所处的时代是一个瞬息万变的时代。也许，我们两种文化的相遇是人类所面临的主要任务之一。在那些扰乱我们心境的浮泛杂务之外，在不同文化之间爆发的激烈冲突之外，依然存在着一种希望，不同文化的相遇会形成一些新的传统，继续流传下去。”

“同意你的观点，我们的基督教也是源自犹太教与希腊思想的相遇。这两种文化的交融延续了几个世纪，直到人们发现了柏拉图和亚里士多德与基督教和解的可能……”

“众所周知，这是你的功劳，亲爱的阿尔伯特！也许还会再出现一个新的阿尔伯特，将远东的哲学与基督教统一起来？”

“好吧，让我们一起来向马厩里的新生儿祈祷吧。”

他们俩走向圣婴，他躺在牛和驴子之间，正在安静地微笑。我的心也在这一刻变得暖洋洋的，尽管教堂里没有暖气。过了一会儿，我就回了家。

这难道不是一次美好的圣诞奇遇吗？亲爱的诺拉，我祝你拥有一个美好的新年，充满喜悦、睿智和创造力。

你的维托利奥

1995年1月3日

亲爱的维托利奥：

非常感谢你的来信，这真的是一封圣诞来信，不仅是因为你与大阿尔伯特和老子在小教堂里的相遇。

我正坐在一个舒适的房间里，在绍尔兰地区的阿姨家里。外面天色已黑，只有白雪还闪烁着微光。你想象一下，雪堆积了几乎有一米高。自从我们周六到了这里，一直在下雪。我们想在这里多休息两天，因为妈妈、贝蒂娜和我都感冒了，我还有些鼻塞。但现在好多了。

我们的圣诞节也过得非常好。我们神父的布道很好，在布道结束前，教堂里所有的灯都熄灭了，只有圣诞树上的灯还亮着。这时，所有人开始大声唱诵“平安夜”。是的，大家心里都充满了庄严、郑重的情感。我们还去参观了教堂里的马厩（我们的马厩也非常美）。随后，我们就踩着雪回了家。回到家后，我们边喝茶，边听妈妈读了一个故事。7点钟的时候，我们一起唱了好几首圣诞歌。正在这时，妈妈那间紧闭的书房里响起了铃铛声：门打开后，我们惊讶地发现了一棵非常美丽的圣诞树出现在我们面前，树底下摆放着礼物。哦，维托利奥，虽然我并不想要一个CD播放机，也特意告诉了爸爸妈妈我的意愿，但我还是得到了一个。事实上，这个播放机还真不错，很好用。我还得到了书和一张新的床。（奶奶、爷爷，叔叔、阿姨都送给我了一些礼物，不过我就不在这封信里一一说这些礼物了。）你还送给我们歌剧票了，非常感谢！

我们留在绍尔兰欢庆了新年，希望你的新年也过得很好。我期待着新的一年到来，至少新年的开年还是不错的。但愿这个圣诞节在新的一年里永远留在人们的心中，陪伴他们度过这一年。

好了，现在让我们来谈谈大阿尔伯特和老子忧虑的问题。

这的确不是一个容易回答的问题：为什么在基督教的基础上发展出了一个无神论和唯利是图的社会。我认为，有三个原因。

第一，基督教失去了与日常生活的联系，至少在当今的社会里是这样。如果不通过一些固定的日常仪式来提醒人们，像伊斯兰教的日课那样，许多人也许会忘记上帝的存在。

第二，人类进行了大量科学研究后得知地球是通过大爆炸产生的，人们还知道万物是如何生成、如何关联的，知道了人的生命如何与自然现象发生联系。有些人也许无法接受造物主的存在，认为万事万物都可以获得科学的解释，地球的产生只是一个偶然。

第三，基督教将人类的地位抬得过高了，高于自然，正如《圣经》里所说，人类是万物之主。因此，很多人便自以为可以和上帝比肩？！

人们还在追问，今天的技术时代是不是上帝的计划？我认为，上帝并没有制订关于我们的计划，而只有对人类的祝福。上帝将世界赠予人类，为的是让我们通过艰苦的路途，在人间建设一个天堂。也就是说，他把世界作为礼物送给我们，却不能做任何决定。他只能在我们召唤他的时候，帮助我们。

也就是说，上帝尽管与我们同行，却不再为我们掌舵，因此我们必须依靠自己的力量在这个时代找到出路，改善我们的处境。

与东亚世界和东亚宗教的联合，也许是一条出路。比方说，无为哲学有助于欧洲人放下唯利是图、盲目焦虑的劳作。正如当年基督教源自古希腊宗教、希腊化时期的宗教和犹太教三教的融合一样，如今从基督教和远东思想的融合中，甚至也许还会产生一种新的宗教。新的宗教很可能又会带来战争，因为宗教内部的激进主义者无法容忍新事物的产生。更何况，东亚思想不仅包括儒家和道家，也包括佛教和印度教，后两者是多神教。基督教是否能够与多神教联合，也不是一件简单的事情。

你们还讨论了欧洲以及基督教内部对于科学研究的热忱。如果我没有记错的话，阿尔伯特和老子对于技术进步持一种保留态度。我不是完全能够理解他们的意思，按照我的理解，他们认为，人们应该将科学研究只用于改善穷人的处境，而不是为已经非常富裕的欧洲创造新工具和新媒体，这会加重环境负担，带来新的灾难。

但是我认为，研究和发明原则上都是非常好的！如果人类不是一直在发明创造的话，我们也许还是石器时代的猎人和采集者。如果不从事科学研究，人们大概也会穷极无聊。我们人类的好奇心是不会泯灭的，我们的好奇心也不是只给我们带来糟糕的东西。我想，我们不应该排斥发明创造，人们只需知道，应该拿科技来做什么。因此人们也不必垂头丧气，而是应该更加积极生活，带来更多的改变，发明更美好的事物。

第欧根尼再次来看望了我。他没有因为我得到一个 CD 播放机而感到不快。我请他喝茶，可他还是只要凉水。他还教会了我怎样直接从手里喝水。

此刻，我正在阅读弗里德里珂·卡洛琳娜·诺伊伯（Friederike Caroline Neuber）的传记，她是 18 世纪一位著名的喜剧团团长。

好吧，现在我们要去歌剧院了。

待会儿见！

你的诺拉

埃森，1995 年 1 月 11 日

亲爱的诺拉：

正如你所看到的那样，你的来信又一次带给我巨大的喜悦。如果我再次遇上阿尔伯特和老子，给他们看你的信，他们一定也会这么认为。但是，昨天发生了一件非常奇怪的事情。我拿着你的信，急匆匆地向咖啡馆走去，却发现咖啡馆不见了。我在周围找遍了，也不见咖啡馆的踪影，正在我又急又恼，快要绝望的时候，突然看见三个男人坐在一张椅子上。

“打扰一下，”我问他们，“我应该是迷路了，不朽哲学家咖啡馆应该就在附近，我却找不到路了。也许您知道，我该怎么走？”

这三位先生听到我礼貌的问话，哈哈大笑起来。我觉得他们很无礼，便更加仔细地打量了他们一番：他们中的其中一位身披古希腊晚期的长袍，第二位身穿苏格兰方格呢短裙，第三位穿一套 20 世纪初样式的质地精良的西装。尽管三位在穿着上有天壤之别，但他们的脸部表情很相似，都是痛苦和欢乐并存。

“苍蝇终于找到了捕蝇器的出口。”衣冠楚楚的那位操着一口浓重的奥地利口音说。

“不，更糟糕，维特根斯坦。咖啡馆不再存在，而且没有什么特别的理由。”

“为什么？”我极其迷惑地打断了他的话，“变化总归会有起因，东西不会毫无缘由就消失了。”

“你这样认为？为什么呢？”

“如果太阳有一天早晨不再升起，你会感到惊讶吗？”

“很有可能我没有机会去感到惊讶，因为到那时一切生命都终结了。即便我还活着，即便我承认我会感到惊讶——我的惊讶不过是因为一个习惯被打破了——我还是会告诉自己，太阳迄今为止每天升起的事实，在逻辑上却不能推出太阳将来也一定会升起。”

“你说得也许没有错，”我回复道，“但经验是可靠的！”

“经验？”他哈哈大笑。“人们可没有关于未来的经验！迄今为止你获得的经验是，每天早上太阳升起，可是你并没有明天早上太阳升起的经验呀。你怎么可能提前获得明天的经验呢？”

“是的，我也许的确无法排除今天晚上有天体灾难发生，把太阳给毁灭了。可是毁灭也得有一个原因，必须符合自然法则。”

“自然法则？又是谁告诉你存在着自然法则呢？你是指能够超越时间的法则？”

“当然。”

“可是，我们还是有我们的问题。我们没有任何理由认定，今天我们认为是自然法则的东西，明天还依然有效。自然法则可以和你的咖啡馆，还有那些可怜的苍蝇一样，突然消失。”

“如果无法期许未来，就不能再做计划。即使万事皆有可能：人们可以乘坐电梯下楼——如果我们熟悉的万有引力定律奏效；人们还可能从高楼的窗户里跳下来——如果发生作用的是与万有引力定律完全相反的法则。但我认为，这一切可能仍然是我们信仰自然法则有效性的论据。”

“论据？”那位古希腊晚期的学者加入了我们的谈话。“支持和反对某一立场的证据真的存在吗？”

“难道不是这样的吗？”

“听好，每个证据都有一个假设前提。”

“我同意。”

“你设定了一个假设，却没有给出证据，那这个假设就是随意设定的，我们也完全可以设定另外一个相反的假设。或者你为这个假设提供了证据，这样你就需要再一次给出一个假设，这个假设也需要再一次被证明……如此环环相扣，直至无穷。还有一种情况，你用一种假设证明另一种假设，而第二种假设又被第一种假设来证明——这就形成了一个闭合的证明圈。万事万物都可以被证明。总而言之，并不存在真正严密的证明。特别是你必须有一个标准，以区分好的证据和坏的证据。但是，你又需要证据来证明你的标准。简言之，证明就是一个无法突破的怪圈。”

“我不确定是否理解了你的话……”

“我确定你没有理解他的话，”那位奥地利口音的先生打断了我的话，“你只是站在了他的对立面上。”

“抱歉，你能再说一遍吗？”

“我想说的是，你应该知道什么是加法吧！”

“我当然知道。”

“那你把所有的数加在一起过吗？”

“这是不可能实现的。我的生命有限，只能在一个有限的时间段里生活。”

“好的。我们假设，你从来也没有把两个大于100 000的数加在一起。那么你就可以突然给出一个假设，101000+103000=5，这与你至今为止做过的所有加法并不相违背。因为你所认定的加法事实上是一个‘双重加法’，定义为，所有小于100 000的数字的加法符合正常的加法法则，大于100 000的数字加法永远等于5。”

“我真的要反对你。你在装扮童话里的桑姆斯，尽管我的小朋友‘恐龙诺拉’会喜欢这个。”

“我没有开玩笑。”

“你开的一定是‘伪玩笑’。因为如果你说得有理的话（抱歉，是‘双重有理’），那就不存在任何稳定的关系，那我们就再也无法相互沟通。”

“别太着急——我尊重大家共同遵守的法则。”

“没错！”穿着古苏格兰短裙的先生说话了，“我尊重我的习惯。对万有引力定律的信仰是约定俗成的，使用加法法则，而不是双重加法法则，也是公认的。自然法则是无法改变的。”

“一切都是规矩，一切都是习俗。”三位先生突然异口同声地说道。

“你们仨一起说话真是三重地狱！”我吓了一大跳，“你们根本就不存在于这个世界上，而只是一种‘伪存在’。”

我还没来得及继续说下去，他们仨就消失得无影无踪了！在街道尽头，我发现了寻找已久的咖啡馆！时间不早了，我还另有安排，就不得不离开那里了。况且，与他们的谈话也实在是耗费精力，我无力加入不朽哲学家们的深刻谈话了。

诺拉，你怎么看待这三人的观点？我一会儿感觉他们提出的话题很重要，一会儿又认为，这些全是自以为是的胡说八道。你怎么看？

诺拉，新年用这样一封可笑的信来开启，实在抱歉。但这是在我身上发生的真事儿。我有责任把真相告诉你，绝对的真实。

亲爱的诺拉，向你致以诚挚的问候。

你的维托利奥

1995年2月11日

亲爱的维托利奥：

感谢你这封有趣而又古怪的信。你要知道，它把我搞迷糊了，我甚至真的不知道该说些什么！这也是为什么我过了那么久才给你写信的原因。我完全能够想象出那三个“大嘴巴”脸上痛苦的样子：我想，如果不存在人们能够认识和尊重的真理，人生就会更加悲伤，也许会更加无意义，而且也会非常“干瘪”！人们如果不能找到真理，也会非常无聊，难道不是吗？你也许已经察觉到，我相信存在一种真理，那就是永恒观念或者上帝。我相信，数学是一个很好的例子：泰勒斯关于圆的定理不是发明，而是发现！这就意味着，人类只能呈现永恒观念，或者通过写作和画画的方式构建永恒观念。我们永远不能完全从这种命运中解脱出来，因为我们总是只能发明永恒观念投下的阴影中的东西。或者还存在着其他可能？我无法保证。

是的，“真理不存在”这句格言本身就是个自相矛盾的判断：如果真理不存在，那么这句格言也不可能是真的。由此类推下去，永远不会有结果。

维托利奥，到底为什么你找不到那家咖啡馆了？也许你被那三位先生绕晕了，落入了他们观点的圈套？

如果真是这样，我很能理解！但是最后，你重新站稳了脚跟，对吗？那时，你又确信真理的确存在了吧？因为咖啡馆重新出现在老地方了！

是的，那三个人把整个世界，也包括你和我，搞得晕头转向。遗憾的是，他们的观点很有影响力，这也是为什么在我们的时代里出现了许多无神论者——因为如果人们不相信真理，人们也不会相信上帝！

但是你又说，有时候你认为他们的观点很重要。你的真实想法是什么？

稍加思考，我就想到了以下这些：他们提醒我们，人要有批评精神，而不是不假思索去接受固有的常识，比如太阳东升西落、人类的生存、地球围绕太阳运动等。但是，万物有因，这是不会错的！如果永恒观念存在，它们就是起因。它们的结果在时空中呈现。人类也是如此，他们会为所有现象寻找背后的缘由。这一点把人类和动植物区分开来。我相信，真的存在起因，如果人类设想有起因，这也是起因存在的证明。维特根斯坦说“苍蝇找到了飞出捕蝇瓶的出口”，这句话是什么意思？他是在指哲学家总在为他们的问题寻找出路，终于找到出路后却发现，自然法则并不存在吗？他这么说是什么意思？！你知道吗？我马上再查查辞典怎么说。

现在这段时间，我对文艺复兴时期非常感兴趣！这一定是一个非常美妙的时代，也出现了如笛卡尔这样非常杰出的哲学家。你知道，我两天前遇上了谁？

让我来告诉你吧！

我在森林里散步，看到许多地上的花朵已经绽放（雪莲花、雪片莲等），小鸟叽叽喳喳，树枝上也迸出了花苞。大地铺上了一层柔软的绿色，太阳的光穿过树枝，照进小小的池沼里。我在林子里走着，感受着自然万物的美好。突然，我看到有一个黑头发的男子坐在一个树桩上，正入神地看着几朵雪莲花。我发现，从他坐的位置看出去，可以看到很美的风景，于是就索性在他身旁坐下，我也走累了。他抬起眼睛，我惊讶地发现，他穿着一身滑稽的花色衣服。他对我说："诺拉，我们在这里相遇，真是太好了！"

为了发出我名字（Nora）里的那个小舌音"r"，他卷起舌头像个意大利人。这位先生竟然知道我的名字，我立马就自我膨胀了。我更加仔细地打量了他一番，因为已经有和历史人物相遇的经验，我在思考，这位可能是谁。突然我想起来了，只可能是……

"抱歉打扰，我还不能确定您是谁。您是彼特拉克？"

"是的，完全正确！诺拉，你完全可以和我说'你'，我们毕竟不是陌生人，你了解我，我也了解你！"

"是的。你是从哪里来，又是怎么来到这里的？！你不是住在意大利吗？"

"但是，比较两个国家的花卉或者整个自然，都是很有趣的事情。"

是的，我很能理解他，彼特拉克！我们又闲聊了一会儿，然后，我就不得不离开了。你知道，春天特别适合文艺复兴！象征着中世纪的冬天的坚冰被打破了，不断有新的事物被发现，轻盈而又无拘无束地盛开，正如不断有新的花朵从坚硬而冰冷的土地上生长出来。我在历史课上要做一次关于意大利文艺复兴的演讲。你一定可以告诉我很多相关的事情。

是的，你信中将三位怀疑主义者比作桑姆斯，真是很恰当。因为桑姆斯也是把一切事情搞得乱七八糟，而且他还会魔法，让人捉摸不透，违反自然法则。但桑姆斯是一个滑稽剧里的人物，和那三位先生不是一回事儿。

是的，我得结束这封信了，待会儿我就下去亲手把信交给你。

你的诺拉

埃森，1995 年 2 月 16 日

亲爱的诺拉：

我当着你的面读了你的上封信。如同你从我的眼神里看到的那样，我又一次为读你的信感到高兴——非常感谢，同时也感谢你们家人对我的盛情款待！今天一早我就去了咖啡馆，这一次我很快就找到了它。咖啡馆里几乎没有什么人，但幸运的是，苏格拉底在，我坐在了他身边。

“苏格拉底，”我说，“你还记得诺拉吗？”

“诺拉？我怎么会忘记她？尤其是彼特拉克，今天因她把我们大家都弄疯了！看看这张桌子！”

我看到了什么？去年春天彼特拉克在桌子上刻的是“劳拉”（Laura），他的十四行诗集《歌集》中女主人公的名字，现在前面三个字母被改过了：从“Laura”变成了“Nora”（诺拉）。

“居然做出这种事情！把别人的名字刻在桌上，还改来改去的——忠诚在哪里？”

“别这样激动，维托利奥，”苏格拉底说，“春天快到了，文艺复兴时期的人本身也是春意盎然的人。我们的朋友还有意大利血统，尤其是，他还有很好的品位！”

“你说得没有错，”我回应他，“但请告诉我，因为你显然也是她的粉丝，我应该怎样回答她的问题呢？上一次我遇上了‘地狱三人帮’，你一定也很熟悉他们。他们把我搞崩溃了，诺拉也是。诺拉觉得尤其奇怪的是，我在报告这次遭遇的最后说，我有这个印象，他们说出了一些重要的东西。但这仅仅是我的印象，你必须帮助我把这个模糊的印象弄明白。因为你是一个独特的哲学家，有时候你自己也像是个怀疑主义者，有时候你又激烈地批评怀疑主义者，这在柏拉图的对话录中就非常明显，虽然我不知道，柏拉图笔下的你是不是真实的你。”

“我们这样说吧，柏拉图非常好地刻画和理想化了我个性和思想的部分特征，但有些部分则被他忽略了。至于他抓住的那部分到底是我的本质特征，还是他忽略的那部分的我更加重要，这要取决于我的本质是什么——这个问题，必须由你自己来回答。毋庸置疑的是，柏拉图是我的学生中最有天分的一位（也许有些过于贵族化，也许有些过于保守），但无论如何，他都是一位出色的哲学家和作家，是一位伟大的人物。由他来描写自己的老师，既存在着优势，又有危险。然而总而言之，我非常为他骄傲。”

“我完全同意！但正因为柏拉图绝对不会是怀疑主义者，我想从你这里，而不是从他那里，获得诺拉问题的答案。”

“答案？我没有答案。我只提出问题。”

“好吧。好问题的提出也是很有价值的。如果你能够按照助产士的方式，通过提问题引出我心中的那个小孩，那正合我意。快来问吧！”

“你和诺拉，两位理想主义者，你们相信真理的存在？”

“当然！”

“你们相信，世界上发生的一切都是有意义的？”

“没错。”

“怀疑主义是世界上存在着的一种现象？”

“我想，我们必须承认这一点。从古典到现代，从希腊到苏格兰，每个时期、每个地方，总是不乏怀疑主义者。”

“那么，怀疑主义也一定是有意义的喽！你不这样认为吗？”

“为什么呢？”

“试想一下。你不是刚才说过，所有发生的事情，都有意义？”

“是的。”

“这难道就不可以得出，怀疑主义也一定有某种意义？”

“是的，恐怕你是对的。”

“你不用害怕。从正确的前提推导出的结论，必然是正确的。而真理无须害怕。也就是说：正因为你们两位理想主义者的观点是正确的，怀疑主义也一定有着某种暗含的意义。”

“哪种暗含的意义？”

“这个问题由你来问一无所知的我？你必须自己把答案找到。”

苏格拉底狡黠地笑了，我有些恼了。

“亲爱的苏格拉底，你一定是把我当傻瓜了吧？我的确有许许多多不知道的事情，是我非常非常想知道的，在这个意义上，我是个傻瓜。可是你装作很蠢的样子，事实上要比我懂得多，这一点我还是能够分辨出来的。我还没有蠢到这个地步，连我在和一个更聪明的家伙打交道也分辨不出来吗？”

“那么，好吧。为什么我是怀疑主义者？我的目的是什么？”

“好吧，你不想给我答案，我应该自己去找。”

“为什么你应该自己去找？”

“因为人们对于自己找到的东西，记得更好。只有经过自己努力获得的答案，才能变成自己的东西。”

“关于怀疑主义可能具有的意义，你发现了什么？”

“怀疑主义似乎可以帮助我们，把从教育和传统中获得的信念转化为自己的信念，我们通过质疑的方式，去独立寻找信念背后的理由。”

“好的，好的，这可以理解。怀疑主义仅仅是因为它的问题重要，还是它的观点也很重要呢？”

“我不是很能理解你的意思。”

“怀疑主义者仅仅提问吗？还是也会提出一些观点？——比如，真理、解释和规则是不存在的。”

“当然会，但是这样的观点是错误的。”

“你是知道，还只是相信这些观点是错误的？”

“我知道它们是错的，因为当怀疑主义者否认真理的存在时，他就自相矛盾了，那就意味着相反的一定是真理！”

“也就是说，你对怀疑主义的知识建立在对其自相矛盾的认知之上，而不是建立在信仰之上？”

“是的，人们可以这么说。”

“也就是说，如果没有怀疑主义者，你就无法认识到真理存在？”

“啊哈！苏格拉底，你把我问得好尴尬。我竟然要感谢怀疑主义，这太荒唐了。但是我也看到，是我自己一步步得到这个结论的。”

“也许你现在理解了，为什么我自己一半是怀疑主义者，一半是怀疑主义的批评者。怀疑主义让我通过了考验，将我从一个信者变成了一名知者。”

“哦，苏格拉底，对你的话我还得好好思考，也要和诺拉再讨论一下。”

“也许诺拉还不能理解这一切。”一个熟悉的声音从我身后传来。我转过身，原来是维柯。“作为诺拉的哲学保护人，我本来也对发展规律有兴趣，我得出来发表自己的观点。诺拉还没有能力去正确理解怀疑主义的意义。她还是个孩子，还处在接受和相信的阶段。她马上要进入青春期，那个时候，我们的小诺拉会对以往的信念提出强烈的质疑。她会和所有的少年一样，经历一场危机。我希望她不会被危机绊倒。相反，她会从这场危机中化茧成蝶。我有三点理由。第一，她已经理解，为什么人们必须经历绝望——为的是更深刻地理解知识。第二，幸运的是，她所接受的大多数信念，都是真的。她不必像有些人一样，经历与家庭割裂的痛苦，因为她的父母都很开明。她只需对自己的信念有更深入的理解。第三，因为我在这里，作为哲学保护人,我将时刻关注和保护她的成长。不管‘地狱三人帮’还将造成多大的混乱，她都会对这个世界有基本的信任。”

诺拉，这些话是不是很有意思？生活本身不会是一帆风顺，困难会让生活变得更有趣味。别忘了，世界是美好的，你现在和未来应该让它变得更加美好。

诚挚的祝福！

你的维托利奥

1995年3月16日

亲爱的维托利奥：

终于找到时间给你写信了，我有些咳嗽、鼻塞，明天没法去学校。很高兴收到你的来信，非常感谢你来信为我解惑，和以往一样，我把你的信读了很多遍。现在我马上告诉你，最近我遇上了什么事！几天前，我坐在书桌前，对将要发生的事情一无所知。我正在思考怀疑主义的问题，这时，通往阳台的门开了，有人轻轻地拍拍我的肩膀说："啊哈，你在读维托利奥的信！你读懂他的字迹了吗？"

我吓了一跳，看到维柯正站在我身后！

"维柯！你来真的是太好了！当我的父母为我读过几遍之后，我就可以读懂维托利奥的信了。如果有些词语我不能够理解，那我至少可以猜出意思！"

"既然我是你的哲学保护人，我就应该偶尔来看望你。况且，今天有一个特殊的机缘，今天在哲学家咖啡馆的前院里要举办一个小小的庆祝会，我想邀请你参加。如果你能来，我会很高兴。怎么样？"

"那太好了。"

"好的！赶紧装扮起来，不能让别人认出你来！这样我们就会让一半客人大吃一惊。你还得穿得暖和些，否则你会受凉，因为我们要飞到那里去。"

我匆匆忙忙穿上了一件暖和的外套，戴上一条头巾。然后，维柯牵着我的手，我们飞过了社区，前往咖啡馆，更准确地说，飞往咖啡馆的前院。路上，维柯问我："诺拉，你认为怀疑主义怎么样？"

"在理论上，我理解怀疑主义的重要性，理解你和苏格拉底以及维托利奥的观点。但我很难想象我会放弃自己现在的信念，也许我的观点将会改变，但很难想象，如何可以做到不去喜欢童话和传说，这不符合我们孩子的天性。"

"是的，我能理解你。但是，诺拉，某些信仰的放弃，根本就不应该发生。相反，人们应该保持儿童的天性。因为只有如此，才能将自己发展为成人。这种发展的阶段性不仅适用于人，而且也适用于民族。比如古希腊，如同处在'儿童时期'，古希腊人相信众神，相信神话故事。然后是英雄时代，开始了富人统治，奴隶或穷人被镇压，妇女也是被压迫的对象！然后，被压迫者中间出现了骚乱，奴隶不再相信人们告诉他们的一切是对的。这就是怀疑主义的产生。最后，是哲学和诗歌的时代，这是成熟的阶段。"

我点点头，问道："维柯，我现在处在什么阶段？"

"我不是很能确认，也许你现在正处于英雄时代。"

我们沉默了一会儿。然后我回答说："我期待着新时期的到来，也许我会成为一个怀疑主义者！维柯，整个地球上都有这样一个发展过程吗？"

不过他显然没有听到我的问题，因为他在大喊："你看，下面，在河的另外一边，有一些人到了。你可以看到那家咖啡馆了，前院在那边！"

我们慢慢降落在咖啡馆前院。（我们的到来并没有让任何人感到吃惊。）维柯说，我们可以坐到院子后面的桌子边上去，这样就会减少被认出的风险。他点了两杯热可可。今天因为是节日，没有人会喝水。所有客人慢慢到齐了，大家谈得热火朝天。（有些人正在争论。）客人中不仅有哲学家，还有其他年轻人，大家都聚集在咖啡馆前院中。突然有人宣布，现在将由爱因斯坦演奏一首著名的童谣，我简直不敢相信自己的耳朵。首先是几首莫扎特的奏鸣曲，最后是一首著名的童谣。千真万确，是爱因斯坦本人的演奏：朴素的穿着、生动有趣的脸和蓬乱的白发。他演奏得很美，最后当他演奏童谣的时候，我看到他的耳朵在跟着节奏动，他的耳朵会打节拍！这时，许多人站到他身边，也跟他一起用耳朵打拍子。我也很想去加入他们的队伍，但是维柯认为，这样太冒险了。

"太蠢了！"我想。爱因斯坦显然发现了我脸上有些不快的表情。他在演出后，坐到了我们身边。我们赞美了他的演奏艺术。突然，他认真地看了我一眼，喊出了声："诺拉！……"

维柯及时用手捂住了他的嘴巴。"我们不想动静太大。"他对爱因斯坦解释说。

两人聊了会儿，维柯问我："诺拉，你最近在读什么？作为你的哲学保护人，我需要知道你的阅读情况！"

"我正在读乔斯坦·贾德的《纸牌的秘密》、《君往何处去？》和柏拉图的《斐多》。"

"太好了，你在读《斐多》！关于苏格拉底之死，好的，好的……"

"是的，我也认为，苏格拉底饮下毒酒时充满对未来的信心，多么好啊！他在离世前成了一个理想主义者，这是他的幸运，否则他不会相信死后还有不朽的灵魂！那些相信人的灵魂会与肉体一起死亡的人，该有多么痛苦，因为他们认为不会再有人记得他们。"我说。

爱因斯坦同意我的观点："是的！我也不害怕死亡。正如你见到的那样，我也没有理由不相信灵魂不死，我在这里就是个快乐的灵魂。"

我问："苏格拉底一定也不害怕死亡。是他的直觉告诉他，死后是美好的，还是他的理智认识到了这一点？"

"我认为直觉和理智都帮助他认识到了这一点！"维柯说。

你怎么想呢，维托利奥？我对维柯说："我读过安徒生的一则童话《海的女儿》，也是关于死亡和灵魂不朽的，我非常喜欢这个故事。"

我们继续讨论了许多话题，然后到我回家的时间了，维柯带着我飞回了自己的房间。真遗憾，你没有和我们一起参加这次聚会，也许你正要前往韩国，忙得不可开交？

我的地理老师告诉我们，人是从猿类进化而来的！我也认识很多人有着同样的观点。你也是这个观点吗？我对此却并不是很确信，因为第一批人类虽然与猿猴有许多共同点，但是他们已经有理智和灵魂了，难道不是吗？而灵魂不可能是进化而来的！你认为，灵魂是进化而来的吗？

我正好望向窗外，窗外下着倾盆大雨，雷电划过空中，这时钟声响起。在空气和万物中洋溢着节日的气氛！天空中飞翔着一只奇特的海鸥。有时候，总会有些瞬间让你觉得，一场无比盛大的节日将要开启。我自己也不是知道得很清楚，我到底想说些什么。

现在我还得去把信件投入邮箱，这样邮件明天就能到达！对你来说是“今天”到达！我们全家祝你在韩国旅行愉快！当你回来的时候，别忘了分享你的经历！

美好的祝福！

你的诺拉

首尔，1995 年 3 月 27 日

亲爱的诺拉：

接到你的信，真是莫大的欣喜，当时是深夜，我刚从巴黎回来，第二天便要飞来韩国。正如第一届联合国教科文组织的哲学大会组织者断言：哲学是一件严肃的事情，不能只交给成人！在巴黎会议上有很多重量级哲学家发言，几位中学生有机会向著名哲学家米歇尔·塞尔提问。最重要的问题来自一个八岁的女孩："为什么世界是现在这个样子,而不是另外的样子？"塞尔回答说："世界也可以是另外的样子，我衷心希望，在你生命结束的时候，通过你的努力，世界变得不一样！"

你会怎么回答这个问题？你又会提出怎样的问题呢？（提出问题，几乎和回答问题一样重要。）

是的，我现在已经在远东待了一周多的时间。旅途劳累，但也有许多令人难忘的有趣经历。这是我第一次前往欧洲以外的发达国家——韩国在短短几十年时间里完成了现代化进程，国家富裕而且财富分配相对公平。令人困惑的是，东亚是欧洲之外唯一一个成功完成现代化的文化圈，而其他文化圈与欧洲文化的亲缘关系比远东地区更为接近。比如：伊斯兰教世界信仰一神教，也同样受到古希腊文化的影响，印度与欧洲语言同属于印欧语系。东亚与欧洲历史上并无渊源，但是东亚文化圈成了世界发展的中心，并继承了欧洲工业发展的传统。一方面，我为这个国家的成功感到高兴，印度那种触目惊心的贫穷在这里是看不到的；另一方面，我感到了一种忧虑，如果整个世界成为一个放大的欧洲或者北美，地球生态系统将不堪重负。且除此之外，现代化进程也会带来灵魂的迷失，这也是令人感到非常遗憾的事情。

亲爱的诺拉，即便你长大之后，灵魂中依然会保留儿童的好奇和兴奋，是不是所有人和所有文化都能做到这一点呢？我怀疑并非如此，当世界终于进入成熟的状态，神性时代或者儿童时代中的每一个火花都将熄灭，这将是多么可怕。也许，这是为什么所有文化不会以同样的速度发展，也不会同样高效发展的原因吧？也许正是由于这个原因，在一个理性占据统治地位的时代，有些传统还能在一些地方保存下来。昨天我和胡南一起参观了一个重新修建的韩国古村落，她说，这是她童年时候世界的样子，而今天的首尔人要驱车一个小时，才能看到桑、蚕，甚至是鸡、狗等家畜。三十年的时间就摧毁了一个已经存在千年的世界。岂不让人不寒而栗？即便苏格拉底确信灵魂不死，一个人的死亡还是让人伤感，而一种生活方式的整体死亡则更令人痛心。不知道你对此有什么想法？

韩国没有成为一个只有高楼大厦、汽车和电脑的现代国家。你的哲学保护人曾经用一个很好的比喻来说明这个问题：河流的淡水从入海口流出以后，还有很长一段时间保持原有的水质。文化也是类似，很长时间会保持着原有的状态，韩国文化便是如此。巫术在韩国社会继续扮演着重要角色（胡南几天前带我去拜访了一位有名的预言师）。电梯上的四楼用一个寓意吉祥的字母标识，因为数字 4 在东亚象征着死亡，人们害怕这个数字。东亚国家比欧洲在人际关系中更注重礼节：人们会在教授面前敬畏地鞠躬。从语言中就可以看出，人们是如何与他人交往，人们会关注对方的社会地位。人们问"他不在家吗"，应该回答："对，他不在家"或"不，他在家"。也就是说，人们的回答并不是针对事情本身，而是针对交谈者提出的问题。更有趣的是敬语，一种我们所不知道的动词系统。在我们这里人们当然也区分"你"和"您"，但是如"椅子小"这样的句子是永远不变的。而在韩语中，会根据对话的对象不同发生变化。语言和思想的关系，是思想影响语言，抑或是语言塑造了思想？

去往韩国的航班路过中国。我们飞过北京时，云层很厚，什么也看不到。飞过上海时，可以清清楚楚地看到一个巨大的城市在一条大河边铺展开，我们可以感受到城市里人们生活的紧张和高效，中国也将成为一个现代而又富裕的国家。

我正在思考，为什么东亚能够实现现代化。这时，突然不可思议的事情发生了：我向机舱窗外望去，看到机翼上正坐着一个中国老人！天哪！但愿他不要从飞机上掉下去。可是我的邻座却似乎没有发现什么，虽然他也在往同一个方向看。我又把视线投向飞机机翼，这时，老人向我挤挤眼睛。原来这是一位哲学家！我终于明白了。诺拉可以和维柯一起飞翔，我却只能乘坐真正的飞机，不得不为环境污染做出我的“贡献”。而真正的哲学家可以在去世以后，像孩子一样飞翔。只有当他们需要和飞机上的乘客说话的时候，才会坐在金属大鸟的翅膀上。

这时，这位中国老人指了指自己，我马上就明白了他想要说什么。这位是孔子，他回答了我的问题，东亚经济奇迹产生的基础是儒家学说。

“你喜欢这样的发展吗？”我又向他提问。

“只要家庭生活没有受到影响，我并不反对这样的发展——相反，我支持经济的发展，这会提升中国的国家声誉。”

“可是，我反对！”突然，另外一位中国人说话了。我刚才根本没有注意到他，他坐在孔子后面，现在才进入我的视线。“比如桔槔[①]就已经让我觉得很不对

---

① 这一典故出自《庄子·天地》：(子贡)曰：“凿木为机，后重前轻，挈水若抽，数如泆汤，其名为槔。”为圃者忿然作色而笑曰：“吾闻之吾师，有机械者必有机事，有机事者必有机心。机心存于胸中则纯白不备。纯白不备，则神生不定；神生不定者，道之所不载也。吾非不知，羞而不为也。”

劲儿。我又该如何评价现在这个世界？你们难道没有意识到，机器会让人类的心灵变得如同机器一般？道又何存呢？”

“庄子，我们应该完全抛弃技术吗？如果不是，人类使用技术的界限在哪里？”

“这是一个很难回答的问题，维托利奥，我只能尽量回复你。当你察觉到，你不再能够觉察到山水之美，你不再像个孩子一样感到欢喜，那就是你已经走得太远。好好欣赏首尔的风景之美吧，多想想诺拉，和她一样思考，这样你乘坐飞机，也许还有被原谅的理由。”

我还想追问他对人类起源于猿猴观点的看法。（我猜想，他也许会喜欢这种说法，这意味着人类与自然的紧密联系。）但是此时飞机已经准备降落，庄子和孔子手牵着手，从飞机机翼上往下一跳，继续向日本的方向飞去。

亲爱的诺拉，祝愿你们全家万事如意，尤其向你亲爱的老祖母致意。

致以

诚挚的祝福！

你的维托利奥

1995 年 5 月 27 日

亲爱的维托利奥：

你知道我现在坐在哪里吗？我正坐在两个沙丘之间的沙地上。通过草丛看到海，听到海的声音，现在正好是涨潮。天空灰暗，只在海面上有一丝淡蓝。一些人在沙滩上来回走动，其中一人带着一条狗。地平线上海天一色。于斯特（Juist）岛非常美，它在大海中央。大海一望无际，看不到头，这里没有一棵树，我觉得缺少了点儿什么。现在开始下小雨了，但我决定在这里继续写信。你身体好些了吗？衷心祝愿你早日康复！星期天我们就回家了，你就可以来我们家里住几天，也许就不会觉得无聊了。你的眼病让你无法阅读，我可以帮你读书。不过你得把翻译了的莱布尼茨的书拿来，我还不会法语。不过，维托利奥，你真是太大意了，你看的书字母这么小，你一直在使用你的旧电脑，电脑上的字体也是这么小。人们不能马马虎虎地对待自己的身体，因为上帝把身体送给了我们，或者说是上帝给了身体以生命，我们的身体是独一无二的！

抱歉我的这封信来迟了。最近一段时间我真的很忙，接下去一段时间也会很忙。但是，我还是希望继续给你写信。维托利奥，你可以用电脑打字吗？或者写得清楚一些，你的字迹很难辨认，我还不能独自阅读你的来信。

现在让我们谈谈韩国：是的，一种文化的消亡总是令人悲伤，我也是这么认为。但是不能确定，一种文化的消亡是否可以与人的灭亡相提并论。因为文化来自人。另外，我并不认为，韩国从传统走向科技的进步，完全是负面的，人们甚至有可能会希望回到旧时代，即使过去的文化也不是完美无缺的。我们不能认为，现在的时代就是弯路，那就意味着，其他时代的文化也是弯路，因为没有一个完美的时代。我认为，我们更应该重新开始思考怎样能做得更好，而不是一切从头开始。我们理想主义者总是认为，一切都有意义。维托利奥，文化传统的精神不会灭亡，我们在传统的基础上建设新的文化。

我在思考，也许整个世界都需要三个发展阶段：众神时代、怀疑时代和成熟时代。我还在想，哪个国家达到了成熟时代？！因为成熟时代必然是一个合题，也就是说，是一个好的状态……也许我们正在期待这种状态的到来，还是需要我们亲手来创建一个成熟的时代。

你问我，是语言塑造了思想，还是思想影响了语言。我认为，在韩国，是思想影响了语言。我不知道还有没有其他国家也是这种情况。你知道吗？飞机机翼上两位哲学家与你的相遇非常有趣，我站在庄子这一边。

我不能理解孔子，为什么家庭比技术和环境污染的问题更为重要。为什么他认为家庭最为重要？你能解释一下吗？嗯，你们讨论了技术的界限。庄子认为，技术令人们失去了对自然中的美的感受力。我想，这也许有些过于简单了。如果是这样的话，只要人们还能发现森林的美，就可以每天乘坐飞机了吗？自然必须对每个人都是很重要的，这样，人们才可能自发地去爱护自然。妈妈要在两周内完成一个环境保护的报告：人们为何必须保护环境，保护环境的必要性和动机。我认为这个话题非常重要和有趣，因为它在某种程度上决定了我们的未来。我和我的一个女同学决定建立一个俱乐部，吸收一些同学作为俱乐部成员。这些同学还没有感受过生活的美和价值，我要向他们展示。这将是一个环保俱乐部，我们尤其要保护热带雨林，支持热带雨林地区的居民，我们也要反对暴发户式的消费主义。

这次我没有遇上一位真正的哲学家，但是遇上了"半个"哲学家。我坐在于斯特岛的沙滩上，突然发现身边出现了一位白胡子老人，浓厚的眉毛下面有一双初看上去有些阴郁的眼睛。他冲着我咧嘴笑了笑。我认出了他，这位是特奥多尔·施托姆。我正在阅读他的中篇小说，见过他的几张照片。但是要认出一个人，其实并不需要这些。不管怎样，我认出了他。他用食指指了指堤坝上一个模糊的身影。他充满期待地看着我。我眯着眼睛，想看得清晰一些，因为这个如幽灵般的身影非常模糊。我耸了耸肩膀，表示无法认出那个影子。他用手指点了点我的额头说："闭上你的眼睛，诺拉，这样你就可以看得更清楚。"

我想，他一定是疯了。从什么时候开始，人们得闭上眼睛才能看得更远？但这个时候，我有了主意。我闭上眼睛，尝试着用内在的眼睛去看。我认出来了，这是白马骑士正在巡视堤坝。他的斗篷在他身后飘动。马蹄声敲响在坚固的大堤上，清晰可辨。我向施托姆微笑了，我懂得了他的意思。白马骑士正与我们的题目匹配，不是吗？不过那时我马上得走了，去吃饭，我答应过贝蒂娜，和她一起欣赏落日。

后来我想，作为"永恒精神"的灵魂其实并不是活着，而是"存在着"。凡是有生命的东西，都会消逝。在去世之后，灵魂会和我们人类一样失去了在世的意识吗？灵魂没有认知，它仅仅"存在着"，但它可以赋予物质以生命力。物质和灵魂结合成为生命。也就是说，所有的生命都有灵魂，没有一个生命是没有价值的，而纳粹就试图否认这一点。

几周前，你托妈妈送给我一些花籽儿，我还没有向你道谢，非常感谢！它还没开花儿，但它们长出 10 厘米高了。我正期待着花朵的开放。

你在信中提到，哲学家大会上，有一些法国小学生获得了向一位哲学家提问的机会。你问我会如何回答“为何世界是这个样子，而不是另外的样子”，而我又会提出什么问题。

第一个问题很难回答。那位法国哲学家的回答很好，我很难再补充些什么。

也许人们可以回答，世界之所以是现在这个样子，是上帝的创造。因为人类是最高的造物，我们承担着世界的责任，我们没有正确认识到人类的责任，于是世界就成了现在这个样子。人类必须负责任地使用自己的能力。另外，人类是最高的造物，也是最危险的。但是我想，世界一定会变得更好！

维托利奥，你知道，我有很多很多的问题想知道答案。也许你可以在两个问题上帮助我：

> 第一，宇宙是无限的吗？
>
> 第二，时间的尽头是天堂吗？

亲爱的维托利奥，祝你早日康复！周末来我家吧。这个周末，我的一个好朋友也会来我家，你会见到她的。如果你不是很累又乐意和我们说话，我们有很多问题想问你，想与你交流！如果你能来的话，妈妈、爸爸、奶奶和贝蒂娜也会非常高兴。我们会为你的眼睛抹上药膏。你可以好好睡一觉，放松自己，我也会为你读书！

现在天色渐渐暗了。楼燕在空中掠过，植物都在生机勃勃地生长！你送给我的花籽儿也长出了绿色的叶片。

再见！

你的诺拉

1995 年 6 月 5 日

亲爱的诺拉：

你寄来的磁带，我听了好几遍，和你的信一样，它们给我带来了很多快乐，它们让我的眼睛好得更快了。

尤其是你的话非常贴心：闭上眼睛，有些事物才能看得更为清楚，对我目前的处境来说，这是一个很大的安慰。

最近几周，我有机会反思我一生所为，思考哪些是好的，哪些是坏的。你说得有道理，做事情不顾惜身体，应该属于我做得不够好的方面。不过，我在你家的客房里过了一个周末后，获得了很好的放松。为了让我的眼睛得到休息，你妈妈帮我笔录了这封信，她整齐、漂亮的字迹可以让你的眼睛也放松。

我很高兴认识你最好的朋友。在你这么大的时候，没有什么比同龄朋友更加重要的了，与朋友一起可以在英雄时代并肩作战。

孔子对于家庭观念的重视在当下已经有些难以被认同，因为人们最终要走出家庭。但是你不同，你非常幸运地拥有一个很好的家庭。关于家庭对人的基本支持，你不会有丝毫怀疑。在家庭中，孩子第一次有了集体概念，集体支撑起了个人的成长。

你在信中提到了许多值得思考的问题，我很喜欢你的观点。比方说，你认为个体比文化更重要，因为文化是由个体的人组成的。你认为理想主义者不应该抱怨整体的发展，而是应该在其中找到意义。的确如此，即便现代化进程中许多现象让人忧虑，一种非人的力量看似掌控了整个进程，即便存在许多危险，我们也必须去经历这个过程。黑格尔曾经如此描述希腊世界：如果有可能选择时代和国家的话，那么他会选择回到古希腊。但是他使用的是表示非现实愿望的第二虚拟式，因为他认为，人们必须与自己所处的时代和解，而不是仅仅向往其他时代。

我们无法回到过去，但是我们可以努力让未来变得更好，正如你和你的俱乐部所做的。你关于灵魂的思考也非常有趣，虽然我不是能够完全理解。如果我理解得没有错的话，你是认为，只有会死亡的物种，才有生命。生命是物质的，花有生命，动物有生命，总之,有机物有生命。但是我们不可以说,上帝有生命，一个没有肉体的灵魂也没有生命。我的理解对吗?

为何世界是现在这个样子？你的回答是，是上帝创造了这个世界。与此相关的一个问题是，为何上帝建造了这样的世界，而不是其他样子。上帝在创造世界的时候是完全自由的吗？最后，你认为人类对于世界目前的状态负有责任，因为，人类是最高的造物，因此人类对上帝最具有威胁性。但是，难道上帝之前没有预见或甚至是预设了人的所作所为，以至于人的言行最终仍然指向上帝吗？这个问题我们已经讨论多次，却依然没有解决。

亲爱的诺拉，你提出的两个问题都不容易回答，今天我只能先回答第一个：世界的空间是有限的还是无限的？对于这个问题我思考了很久，通常会遇到这样的反驳：如果这个世界是有限的，伸开双臂，我们就会触碰到它的尽头，但是在界限的另一边似乎还有些什么。设想一个无限的世界也会让人不安——规范和秩序似乎不再奏效。

我在你家的魔法花园里散步，突然看到两位先生正在激烈地争吵，其中一人看上去比另一位年长三十岁。尽管两人争论不休，人们还是可以看出两人的相似之处。

“冷静，冷静，我的先生们，”我介入两人的争吵，“别吵架，还是先来告诉我，发生了什么事情。来，谁先告诉我，你们是谁。”

年长的先生礼貌地欠欠身，介绍自己说：“波约伊，数学家。”

年轻的先生同样起身鞠躬，也回答道：“波约伊，数学家。”

我被他们搞糊涂了，我见证了一次人格分裂的案例吗？这两位先生似乎看出了我的想法，他们俩异口同声地说：“不是，尊敬的先生，你经历的事情要严重得多，这是一次真理的分裂。”

我更加迷糊了，年长的先生继续说道："我一生执着于一个目标，证明欧几里得定理。我得承认，我没有完成自己的毕生理想。可是我儿子的所作所为，却是坚定地背离了这个目标。"

"我只是证明了，欧几里得定理并不必然是真理——只有在把平行假设作为前提的时候，欧几里得定理才是有效的。如果有不同的前提，则会有不同的几何定理。"

"那可是太荒唐了！"父亲大声喊起来。"几何定理可不依赖什么前提假设。如果几何定理需要依赖许多甚至是相反的前提，真理的尊严都丧失殆尽了。"

我也有些尴尬，因为我的确认为，父子两人之间的争端关系到许多问题。"先生们，也许你们可以回答我的朋友诺拉提出的问题：空间是有限的还是无限的。"

"伟大的欧几里得认为，空间当然是无限的，"老先生回答道，"每个限定的空间都可以延伸——每条边界都是人为设定的。"

"这可得区分对待，"年轻的那位先生加入讨论，"我们可以设想一些公理体系，在这些体系里，空间是有限的。设想一个球形表面，通常情况下这是一个三维图形，一个球形。但是，人们也可以设想这是一个二维图形，是个平面。在平面上可以无限移动，永远无法触及边界，但这是一个有限的平面。"

“但是，这说的只是一个二维图形，你难道会以为，空间是二维的吗？”

“当然不是。人们可以用球形平面去设想一个三维空间，这个空间是有限的，却又不受限制。”

“但是没有人可以设想一个这样的空间，”父亲喊道，“这完全不可能，因为这样的一个曲折的三维空间只能够在一个四维的欧几里得空间里才有可能。但是根本不可能通过具象呈现一个多于三维的图形。”

“你说得对，”儿子说，“但认为我们看待事物的视角就是我们认识能力的边界，我们能够认识的几何定理已经足够——这种观点是错误的。”

话音刚落，两位先生就消失了。他们的谈话让我陷入沉思。一方面，我理解父亲的恐惧，为几何之美受到损害而担忧；另一方面，如果能够用这种优雅的方式解决你的疑问该有多迷人，这在非欧几里得的几何理论体系里看上去似乎是可能的。你对小波约伊的解决方案满意吗？或者你认为，离开传统空间观念的边界是件危险的事情？必须得承认，在我的视力这样糟糕的状态下，思考并不取决于视力，这个观点还是很让我喜欢的。

诚挚的问候！

你的虽然看不清，却能够理解

你精神本质的朋友维托利奥

1995年7月10日

亲爱的维托利奥：

真高兴收到你的来信，非常感谢。可是小波约伊说的那套理论，却很难理解。你知道吗？刚开始我根本无法理解他的话，现在我似乎有些了解他的意图了。对于基本公理可以设置不同的前提，这是令人激动的发现，但也是危险的事情，因为这将使得一些人类的框架和前提被颠覆，你就会发现存在着许多种真理。我相信一种客观真理的存在。不然的话，上帝就不存在了！也许我们人类无法洞察一切真理，但这也许不是件坏事。但是我们可以去尝试设想一些不存在的事情，比方说球是二维的，又比方说上帝。我相信，每个人身上总会隐藏着客观真理的火花。我还觉得小波约伊的一个想法非常有趣，也就是他认为宇宙中的对立面可以被扬弃：宇宙是有限的，同时又没有边界。我也问我自己，在上帝那里，对立是否也被扬弃。这问题之前提出过，现在它又一次出现了。因为如果在上帝的内在中，对立是被扬弃的，那么上帝认为，善恶的对立是不存在的，上帝的内里也会存在恶。这也就意味着，世界上的恶也来自上帝本身。

另一方面，恶也可能来自一个坏的力量，比如来自魔鬼。

或者，恶来自人类的自由。上帝创造人类是一场冒险，还是他的计划？

我对于第一个和第三个论点关注得最多。如果上帝是一切的综合，是一切的最高点，那么上帝的内里也有恶。

这个观点是不是有些可笑？这样思考上帝是不是有些就事论事、有些冷漠？如果上帝的创世是一场冒险，因为他给予人类自由，那么也许世界会有更为清晰的意义，我们就获得了一项任务，祛除世界上的恶，至少是在我们内心中消灭恶。我认为，这是一个美好而又艰巨的任务。让我们重新回到开始的观点，上帝在进行一场冒险。我最喜欢这个假设，不过也许这样会显得上帝过于有人情味了。另外一个观点就显得更合乎逻辑。（不过，这个问题可以使用逻辑“推理”吗？）

如果上帝只创造善，那么他就不是至高无上者！上帝内里还应该有个反题和一个合题！啊哈，那是多么难以置信！也许每个人对于上帝都有一个独特的、个人的观点，因为人类无法理解客观真理。

但我们人类在这一点上是如此无知吗？

是的，你正确理解了我关于灵魂的观点。我想，灵魂在死亡之后转换成为另外一种状态。只有在肉体中，灵魂才能“活着”，没有肉体，灵魂不会永远存在。你是什么观点呢，维托利奥？你在给我的信中引用了一句黑格尔的话，非常美的一句话。但我不是完全能够理解，为什么人们不能有向往之心。因为人们只有在向往更好的状态时，才能有动力去将愿望和渴望变成行动。不过我认为，黑格尔是在不同的上下文中这么说的，是吗？

你知道，维托利奥，最近，我常常想要像鸟儿一样飞翔！这样我就能无拘无束地在空中跳舞、飞翔，飞向更高的天空！啊哈，那该有多美。

刚才城里的老教堂钟声敲响，十点钟了。天色已暗，时有闪电雷鸣，正下着小雨。空气清新舒适，但并不冷。昏暗的天色让人心安。每当我向空中久久凝望，总有许多念头撞击我的大脑。

今天我拿到了成绩单，在学校弥撒之后，我们告别了老师。（下个学期她要带新班级了，我们会有一位新老师。）明天我们要去英国，我对这次旅行充满期待。谁知道我会在那里遇上谁呢？！在康沃尔有许多岩窟，不知哪些才是亚瑟王和他的圆桌骑士生活和统治过的地方。好有趣呀，不是吗？

我会从英国给你写信的！

当我们回来的时候，你得来我家，或者我们去你家。

你最近的来访让我们很高兴！

回头见！

你的诺拉

（信封上写着）又及，花籽儿现在长成了，结出了两个西红柿果子，不过还是青色的。

埃森，1995年7月14日

亲爱的诺拉：

今天早上收到你的来信，对我来说又是一件很高兴的事情，非常感谢！抱歉，我又得手写回信。首先是因为这样我可以在室外给你写信，其次，我觉得电脑打字显得像在写公文。你知道，我们的通信对我来说非常重要。我只在给无聊的同事写信时才使用电脑，但给女孩子写信时绝对不会！也许巫师梅林[①]会帮助你解读我的笔迹？在康沃尔，你很容易就会遇到他，因为他是我童年时的一位老朋友，他一定可以轻松愉快地帮上你的忙。或者你也可以求助于我们共同的朋友夏洛克·福尔摩斯，他能解决的问题，比解读我的涂鸦要难得多。我听说，他的结论是，理性神学的核心问题比莫里亚蒂的阴谋还要引人入胜，尤其是因为上帝的复杂性正基于此。事实上，上帝的简单，超出了我们混乱的理智所能理解的范畴——尤其是那些小阴谋家不能理解的、他们自己陷入的臆想的迷宫。只有变得简单的人，才能理解上帝，虽然人们永远只能是尝试着靠近上帝。

---

① 梅林是亚瑟王传说中的巫师，英格兰及威尔士神话中的传奇魔法师，他法力强大同时充满睿智，能预知未来和变形术。

我带着这个信念和你的信前往咖啡馆，你的问题让我苦思冥想。巧合的是，或者是天意，四位先生不顾天气炎热，正坐在一张小桌子前讨论“上帝和罪恶”。其中一位先生看上去有点儿像近东人的长相，满面风霜，他正在说话，显得非常激动。

“恶永远不可能来自上帝，”他喊道，“上帝是善的，恶与上帝没有一点关系。也就是说，恶是来自一个恶的主体，一个恶的上帝，比如说阿胡拉·马兹达的死敌阿里曼[①]，是两种元初力量。”

“可是，我亲爱的查拉图斯特拉，”一位大眼睛的温和的先生回应道，“上帝只可能是统一的。如果有两个主体，两者作为原则总有相通之处，这就是绝对，人们无法回避它，存在的最高物是统一。”

“亲爱的普罗提诺，统一是善吗？”

“当然，统一的和联结的，都是善的。分裂是恶，因为神性无法容忍分裂。”

“那么，恶是从哪里来的呢？”

“恶只是缺乏善，恶并非真理，恶接近于虚无，远离丰盈的存在。我们更想对此保持沉默，因为那里并不存在值得认知之物。”

---

① 阿胡拉·马兹达是远古波斯信仰琐罗亚斯德教（又称祆教或拜火教）神话中的至高之神。阿里曼是琐罗亚斯德教中恶界的最高神、黑暗与死亡的大君，与阿胡拉·马兹达持续不断地进行斗争。

“你说得不对，”查拉图斯特拉激动地反驳，“恶是存在的！当然！疾病可能是有机体的解体，但恶是强有力的，恶能发挥作用，毁灭很多事物，也许最后还能毁灭自己，居高临下地忽视恶的存在是不对的，人们必须面对恶，重视恶，战胜恶……”

“担负着成为恶的风险？”普罗提诺幽幽地打断了他。我一直密切关注着刚才的对话，还没来得及注意另外两位哲学家。其中一位有着一张深邃的脸，脸上布满皱纹，原来是汉斯·约纳斯！他冲着我挤挤眼睛，先问我是否加入汉斯·约纳斯协会，随后他也加入了我们的谈话。

“普罗提诺，恶的存在是不容否认的，很遗憾是这样。我想，你是对的，但至少在20世纪，你的观点已经立不住脚。恶自古存在至今，但是现代国家赋予恶以权力，使得恶成了前所未有的现实……”

“在你批评我们的朋友康德的文章中，我发现了你坚持存在与善之间具有紧密的联系，”普罗提诺突然打断了他的话，“就算如此。根据你的观点，恶从哪里来呢？恶是来自上帝吗？”

“绝对不是！上帝与他所创造的世界隔离了，他以道德和法的声音，以警示和规范的形式，飘浮在世界之上。但世界有自己的法则，其中也包括偶然。对于人类而言，偶然即自由，行善和作恶的自由。”

“真是这样吗？”桌边的第四位先生说话了，声音安静而又从容。他戴着一顶巨大的假发，格外友善地向我点点头，他见我没有认出他来，于是简短地自我介绍:“我是汉诺威的莱布尼茨。”(你想起来了吗？但他不是我们共同的朋友，不然我不会认不出他来。)他对汉斯·约纳斯说:“你的观点中有两点我不能完全同意，请你给予解释。第一，你的上帝过于虚弱。他一定不是全能的，也许也不是全知的，如果他能预知他的力量与世隔绝的后果，他便不会决然与世界隔绝。如果上帝是全知、全能的，那他必然会虽然不情愿(因为有恶的念头便已是犯下罪孽)，却依然能够容忍恶。但是为什么？因为战胜恶带来的善，要比从一个单纯无恶的世界里获得的善更多。你值得深思的观点带给我的第二个困难是:你似乎在假设人类可以毫无理由地行动，但是我们必须追问行动的理由和事件的起源。熟知一个人，通常也会很清楚他是如何决策。道德感越强的人，人们也越确信他能够行善。如果自由是正向的，那么这是一个缺陷，因为不可预测将会是更有价值的事情。可是，汉斯，你会作恶吗？”

“亲爱的莱布尼茨，你的第二个问题让我陷入尴尬的境地。你的第一个问题我可以这样回答:不是所有传统上属于上帝的符号，真的就属于上帝。我爱一个不是全能的上帝，胜过一个行恶的上帝。”

“行恶？不会！他只是不去阻止行恶，因为善从恶中来……”

在此刻，一位身材魁梧、目光深邃的先生来到我们身边，手里拿着一条鞋匠常用的皮带。

“抱歉，我打断了你们的谈话，因为这一点实在是太重要了！莱布尼茨，行恶与放纵恶之间的区分并不令人信服。不去帮助别人，要比去伤害别人的行为在危害性上轻得多。一项具体的帮助，要比放弃帮助所付出的努力大得多。如果我能不费吹灰之力就可以帮助别人却不去做，那我的罪行就如同伤害别人一样。除非我是为了维护他人的独立性而不去介入。但是，依据你的观点，上帝是全能的，他所创造的一切都是自我，并不是对自我的戕害。那么，在行动与放弃之间做出区分，就会变得毫无意义。”

“这又意味着什么呢？”

“恶必然存在于上帝之内，作为他本质的一个部分，在世间获得了独立性。上帝并非纯粹的正向，必然也包含负向的东西。”

“太棒了，雅各布·波墨！”第六位思想家突然又开口说话。这位是黑格尔，他拍拍前面这位说话者的肩膀，说道：“绝对必须是正向和负向的合题——并不是单纯的统一，而是一和多的统一。*Nemo contra Deum, nisi Deus ipse*.（拉丁文：除了神自己，没有谁能反对神。）”

这时，我鼓起勇气加入这些伟大哲学家的谈话：“亲爱的黑格尔，我的好友诺拉想要请教您，为什么人们不能向往更好的世界？”

“因为我们的世界，正如莱布尼茨所说，是在所有可能的世界中最好的一个，向往是对当下生活的不满足，是对上帝不知感恩的一种表现。”

“可能的最好的世界也包括许多负面的东西。也许历史上的有些阶段，尽管是必然的，但还是要比其他的历史阶段更不幸，那么在这些历史时期，人们难道不可以向往更好的阶段吗？”

“不能，因为当下总比过去要好。”

“黑格尔，请允许我指出你的错误，”约纳斯激动地喊道，“在历史上，道德意识总会出现可怕的倒退。你的乐观主义是不负责任的，关于责任的思考应该以自由为前提。”

这时，讨论变得更激烈了。我知道，约纳斯一点儿也不喜欢黑格尔，于是我决定退出这场谈话。至少普罗提诺会理解我为何想要避免争吵。这些已经去世多年的灵魂依然还是这样充满激情。在门口，我被一个从未见过的先生拦住了去路。

“这些思想家还会争吵许久。他们都有一个错误的前提，就是认为人们可以用理性解决所有这些问题，事实上，理性在很多时候是无能为力的。人们必须相信自己的内心。”

“是的，我很高兴，我的朋友诺拉同时拥有一颗善良的心和良好的理性，”我回敬道，“两者之间似乎并不存在绝对的对立。”

我就此与这位先生告辞，为的是尽快给你回信。

亲爱的诺拉，衷心祝愿你们在英国假期愉快。

问候你！

你的维托利奥

1995年8月1日

亲爱的维托利奥：

非常感谢你的来信。这张明信片并不是我的正式回复，而只是一个先到的问候。我们正坐在热闹非凡的剑桥镇上，远离大海、梅林和亚瑟。我喜欢这座城镇，这里有着众多的学院、教堂……让人想起意大利。德文郡康沃尔的农场非常美。在那里人们可以很好地思考自己的问题，想自己的故事。人们可以放眼眺望起伏的原野。特别是海岸边和国土尽头的悬崖非常美，有沧桑之感。我喜欢英国。在这里几乎可以遇上来自各个时期的截然不同的有趣人物！

下封信回头见！

你的诺拉

1995年8月15日

亲爱的维托利奥：

我真是高兴，大约三周前在英国一家非常美又舒适的真正英式风格的农场里收到了你的来信。小本，农场主家的男孩，把你的信给我捎了过来。非常感谢！

你收到我的明信片了吗？你一定也已经知道，我爱上了英国。我觉得，这里所有的生活情绪都与我们那里不同。人的类型也与我们不同：他们更为开放、友善和乐于助人。有一次我与农场主的女儿费丽帕去了她的学校，上了一天的课（她也是十二岁）。在课间休息的时候，很多的学生都围了过来，还有一只鸽子。他们问我是谁、来自哪里，显得非常友好，想要尽力去帮助我。我想，在我们那里人们还会觉得拘谨，会不好意思直接和陌生人谈话。也许不仅因为缺乏兴趣，而且还因为人们被教育要保持距离。英国作为国家本身也让我很喜欢，到处都可以看到各个时期留下的痕迹，从凯尔特人、各个王国和修道院的时代到中世纪，再到近代早期。

然而，许多角落的风景都有些伤感。有一次我们前往“地之角”，在那里，海浪重重拍击着英格兰陡峭的悬崖。在我们身后是草甸和花田，在我们面前是广阔的大海和悬崖，这也是一个让人深思胜过让人愉悦的地方。此外，我也想到了我们讨论的想象力和理性。大海也许就是一个例子：我们可以看到的海面延伸至地平线，再远我们就什么也看不见了，但是我们知道，在地平线之外，还有很远很远的大海。

我们也去了廷塔杰尔、索尔兹伯里、牛津和剑桥。如果我足够优秀的话，我想以后去剑桥学习，但是这取决于我可以被哪所大学录取。

我坐在廷塔杰尔“梅林洞”上方的一块悬崖上，想起了寻找圣杯的圆桌骑士。根据英国传说，加拉哈德爵士是唯一见过和拿过圣杯的人，他也许甚至还从圣杯中畅饮过，这我就知道得不是很清楚了。但是在这之后，他便死去了。我想，这意味着没有一个活着的人可以完全拥有圣杯，耶稣在最后的晚餐中使用过的圣杯，是爱、上帝的荣耀、与耶稣结盟的象征。直到我们去世之后，我们才可以获得“真理”，直到那时，我们才能够将我们心中的恶完全消除。传说中，我们每个人归根结底都是在寻找“圣杯”。但是，一位真正的哲学家不会完全满足于纯粹的信仰！

现在让我们来谈谈咖啡馆里的讨论。

你知道吗？我最喜欢汉斯·约纳斯、莱布尼茨和咖啡馆门口的第七位先生。

但是，他们都不是那么完全让人信服，可是我自己也没有更好的答案（也许以后会有）。不过，我还是想说说自己的观点！

如果像波墨和黑格尔认为的那样，上帝的内在包含着所有的善和所有的恶，那样所有人类的希望都被毁灭了，也就不会再有天堂！这样我们也就无法战胜恶。因为我们要战胜恶，就必须与上帝分离！（但是，合题也许并不一定必须包含恶，如黑格尔所说，每个合题都包含一个新的反题，然后又形成一个新的合题。如此不断循环往复下去，在时间的发展进程中，恶就会越来越少。这样，最后形成的“边界合题”不就只包含善了吗？）

查拉特斯图拉的解释最简单，但也许是最有说服力的。但是，你要知道，我不会相信存在一位相反的上帝！这一点我在上封信中写过了。

约纳斯的观点我很喜欢。我觉得他提出的一个问题尤其有趣：“我认为一个不全能的上帝要比一个全能的上帝更可爱。”上帝难道必须是全能的吗？

我最喜欢汉诺威的莱布尼茨的观点！也许善可以与恶共存，否则人们就无法认识善！

不，现在我有了一种不适之感——我想，这些理性观点只能让我们偏离真正的真理！也许人们真的只能用心去靠近上帝。因为一年之前我还如此虔诚信仰的上帝，突然就远去了！这些的讨论和解释只能让我们变得悲哀，上帝不会像父亲或母亲一样离去，我们不必多问，他就在那里，就在我们身边！

有时我会与上帝争吵，有时我无法确认他的存在。

但是，幸运的是，大多数情况下，我都能够找回他的存在。

另外，我完成了米尔嘉的故事，已经开始在电脑上誊写。当我完成之后，我可以寄给你看看，如果你愿意的话。

我已经开始酝酿一个新的故事。

现在我只有一周的假期，我会和贝蒂娜一起去一个马术学校。（我的好朋友也和我一起去。）

啊，非常感谢你寄自丹麦的明信片！那儿美吗？但愿很美！

在英国，我读完了简·奥斯丁的《曼斯菲尔德庄园》。你读过简·奥斯丁吗？这段时间，我正在读《沙皇的囚犯》和一本追杀中世纪女巫的书。你告诉过我，你在我的年龄读完了整部《圣经》。我想，我也很快就会读完《圣经》！

但愿很快再见！

你的诺拉

又及，请原谅，我的信写得有些潦草。这封信大部分都是在绍尔兰的森林里写完的。

又又及，很久以前，有一次你在信中使用了“死魂灵”这个词，但是灵魂并不会死亡！灵魂是永恒的，不是吗？

埃森，1995年8月23日

亲爱的诺拉：

“这是给我们的恩赐！”——咖啡馆里的先生们在读完你的信之后沉默许久，终于有人打破了无声的尴尬，这是一位目光严厉、包着头巾的先生，我还从未见过他。

“九百年前我就说过了：哲学只会带来混乱。哲学内部的矛盾本身就已经不可忍受，当人们将之与开启心灵的真理进行比较时，就可以看到这一点。这样一个可爱的孩子诺拉，也说过一些关于耶稣的很有道理的话，完全有可能成为一个能干的小穆斯林，现在让她面对这些哲学内部的矛盾，导致的唯一的后果就是与上帝争吵，甚至还怀疑上帝的存在，这就是过了头！哦，你们这些哲学家！如果这个世界上没有你们该有多好，你们给人类的心灵带来了多大的创伤啊。”

“我同意你的大多数观点，”帕斯卡（也就是上封信里提到的第七位先生）说，“当然我不同意你对耶稣的观点。但至少有一点你是对的，认为用理性可以解答上帝的问题，这是一种狂妄的念头，必须打破思想者的傲慢。我们得用虔信心灵的谦卑来靠近神圣父亲（我认为也可以是神圣母亲！）。哲学通向的是虚无。”

“这样的话，我们的俱乐部只有自行解散了，”另外一位先生说，“我们不仅宣布我们自己已经死亡——我们早就已经死亡，我们也宣布我们的行业已经死亡。我们进入了后哲学时代。太妙了！”

“别这样着急，小朋友，”苏格拉底加入我们的谈话，“在这之前，你得先回答我的一个问题。你有证据证明哲学自行解散了吗？”

“你一定是在开玩笑？这算是什么问题！我当然有证据。”

“论证难道不是哲学吗？”

“当然是。”

“我们是否应该认真对待这些论证呢？——如果你们的观点是，论证作为哲学的成果，不再值得认真对待了。”

“等一下！”有人大喊。我没有马上认出他来，这人显然是“地狱三人帮”中的一员。“等等，苏格拉底。哲学论证如同催吐剂，清空肠胃的同时，也把自己清洗了。”

“或者就像一架梯子，”“地狱三人帮”的又一位先生说道，“人们登上梯子，就把它给扔了。”

“这样人们不就会扑倒在地了吗？”我问了个幼稚的问题。

“是的，”第一位先生又发话了，“如果人们不具备一个绝对的基础，就无法立足。当然，这个基础不是出自哲学，这一点我同意各位的观点，我认为这个基础是《可兰经》。”

“亲爱的安萨里，如果你不说最后一句话就好了。我注意到了，你仍然算得上是个哲学家，仍然不过是出于习惯在思考；我自然认为，你说得有道理。事实上，绝对的基础是福音书。”

“多么遗憾啊，我们最后没有达成共识，”安萨里反驳道，“你的观点当然是错误的。”

“可以允许我再提一个问题吗？”苏格拉底加入谈话，“你们所有人都要放弃理性，因为理性会导向矛盾。但是如果我没有看错的话，不同宗教之间的矛盾是不可低估的。我们应该如何判断哪种宗教是对的呢？”

“通过信仰，通过心灵！”安萨里和帕斯卡异口同声地说。

“你们两人都宣称要通过信仰，但你们无法同时都是正确的。我们应该决定采用谁的信仰？——还是通过信仰来决定吗？这样我们的问题就再次被提了出来，直到无限。或许我们还是应该去求助理性？”

这时传来一阵我熟悉的笑声，一位目光锐利的小个男子挤上前来，是霍布斯。

“哈哈哈！”他大声说，“我有一个办法解决你们的问题。你们发现了吗？大多数信仰基督教的人来自基督教国家，而大多数穆斯林来自伊斯兰教国家，真是一个巧合！哈哈哈！这说明什么呢？一定说明，人们的信仰来自他们年幼的时候受到的影响。”

“真理是社会环境的一种功能，”“地狱三人帮”中的维也纳人点点头，“人们对于终极问题的看法，取决于社会中大多数人通常的做法。”

“你们真是机智，”苏格拉底打断了他们的话，“大多数哲学家还认为，相对于社会权力，真理是先验的，是符合公义的人的行为准则依据。你们却认为，真理最后取决于权力。衷心祝贺你们获得了这么深刻的认识！”

“谢谢，谢谢，”霍布斯非常激动地喊道，“我也终于把你说服了？”

“我总是有些迟钝，我自己也根本没有什么观点，而是只想向旁人学习。但是，请告诉我一点，霍布斯，权力先于真理的观点是你自己的发现，是你的原创吗？”

“那是当然！”霍布斯喊道，“终于有人认识到我的意义了！”

“基本真理也是取决于环境的影响，这也是你自己的发现吗？”

“当然，我必须克服社会中的许多偏见——偏见是如此强大，以至于今天也不是所有人，而是只有很少的人，能够理解我的伟大。”

“这的确是太遗憾了，霍布斯。但是，在我完全成为你的信徒之前，请简要解释一下，你是怎样克服你自己儿时的偏见的？如果正如你所说，真理不过是社会上的主流观点而已，你又怎么可能克服它？”

“我不理解你的问题。”

“真的吗？你一直都是那么聪明！让我再一次重复你的观点：你和维特根斯坦都认为，人不可能对终极问题进行理性判断。真理是人们从外界获得的指令。”

“正确！”

“而你的伟大之处在于，你是自己获得新见解，而不是听从了外界的指令。如果你的观点是正确的话，也就是意味着你不可能认识真理。”

“我必须说服大多数人，我说的就是对的！”

“告诉我，霍布斯，你是怎样说服别人的。是从开始就告诉他，他必须同意你的观点，这样你的观点就成了真理吗？你有没有这样的经验，人们是出于对真理的认同，而不是被人灌输了某种所谓的‘真理’就信服它是真的？”

“对有些人必须灌输！——因为他们太笨了，无法认识真理！”

“太笨了，无法认识真理？这怎么可能？不是人类发明了真理吗？”

“啊，苏格拉底，我和你没法谈话。你是个诡辩师，一贯胡搅蛮缠。”霍布斯愤愤不平地走开了。可我觉得苏格拉底的论证过程非常好，就去问他是如何看待诺拉思想的发展。

“你看，这一切并不那么有戏剧性，有些质疑也不会有什么坏处。相反，通过质疑，诺拉会获得对于上帝更深刻的认识。父母不会永远生活在这个世界上，他们会离去。将上帝当作父亲或母亲的想法有点让人疑惑。上帝更多地像是真理，不容置疑的真理，是人们行动的前提。正是在这一点上，上帝展示了他的伟大，即使人们离开上帝，又会像‘飞去来器’一样回到上帝身边。认为人类会迷失通往上帝之路上的想法，是没有依据的。”

“但愿你是对的，苏格拉底！”安萨里和帕斯卡喊道。“另外，与我们同霍布斯的距离相比，我们两人之间的不同之处其实微乎其微。让我们握握手吧！如果后哲学时代意味着向霍布斯缴械投降，那我们还是宁可支持你，苏格拉底。”

“那么哲学俱乐部就不会被解散了吧？”我如释重负。

“不会！”这时，所有的人都欢呼起来，包括霍布斯。“我们还有很多需要讨论的问题呢！”

这个回答让我很满意，希望你也满意。

回头见！

你的维托利奥

1995年10月3日

亲爱的维托利奥：

你的来信非常精彩。对不起，我没能更早回复你，因为我最近有很多事情要做。我们学校来了许多新老师，我和他们相处得都很好。另外，我们前往绍尔兰进行了一次班级旅行，在一个青年旅舍里住了三天。有一天，我们沿着美丽的饮用水库的湖区步行了二十多公里，穿过森林和田野，越过小溪，也穿过了整个绍尔兰地区。当然我们也休息了几次，有一次休息时，我们每个人都得到一张纸条，上面的问题是关于上帝和我们自己的。我们回答问题后，要将纸条放入一个信封。一两年以后，我们会再次打开信封，看看当时写下了什么，在思考哪些问题，到时我们再进行讨论。这是不是一件很美好的事情？

现在，我又一次回到了绍尔兰，回到了我们的小房子里。正在下雨，起雾了，不是很舒服——但是我喜欢。你一定是到了美国，昨天我们给你打电话，但没有人接。

现在让我们来谈谈你的上封信。

写给苏格拉底：

亲爱的苏格拉底，非常感谢，你拯救了俱乐部！我绝对不愿意看到俱乐部被解散。虽然有危险，哲学还是非常重要。哲学有时候可能会使人“失去”心灵，或者变得过于“理性”。（但也许这就不再是哲学了，因为哲学事实上是“对智慧的爱”，人们需要心，才能够爱。）如果人们光是思考思考再思考，却失去了与真实生活的联系，也不是一件好事情。

但是我不相信，哲学真的会消失，因为我们人类总是被许多问题所吸引，有时候是充满激情地被吸引。我也很喜欢哲学。哲学如果真的被取消，那将是件愚蠢的事。这样人们就会有一种空虚的感觉。比起面对许多问题而怀疑思想和理性的绝望，这种空虚要更加糟糕。你知道吗？最近一段时间我会觉得伤感和悲哀，也许是孤独，但这些情绪大多很快就消散了。

1995年10月10日

亲爱的维托利奥：

上封信还没有写完，让我们来继续。现在我想谈谈霍布斯的理论：真理真的是由权力和社会来决定的吗？要谈论这个问题并不容易。当然，宗教、社会环境、道德习俗和“利益”，对于人类有着巨大的重要性，但我也相信客观真理的存在，它是普世的，也许这两者并不矛盾。区别在于，人类的道德习俗随着时代变化而变化，而客观真理是永恒的、超越时间的。

也许是这样：在儿童阶段，人和人没有什么不同，但当我们长大，我们会受到父母道德教育的影响。到这个时候，我们才会开始寻找真理，寻找永恒的真理，但我们的寻找也会受到我们接受的道德习俗的影响。不过，如果愿意，我们可以摆脱道德习俗的影响，因为人具有理性，他在地球上的生活是自由的。我认为，我们永远不能摆脱永恒真理，或者说上帝的影响。也就是说，即便能够摆脱上帝的影响，但是我们内心深处永远存在着上帝的火花，我们永远不能完全离开上帝——尽管我们也许并不能常常清醒地认识到这一点。

但是，你知道吗？如果真理来自有权力的个体，这就太荒谬了！

如果一个父亲在家庭里占统治地位，不让自己的妻子工作，仅仅是因为他有权力。——这难道是对的吗？又比如在烧死女巫的时代，人们相信女巫被鬼缠身了，因而很多女性死于火刑——这难道是对的吗？唯一的真理真的来自权力吗？！当然不是！道德风俗经常是错误的，因为人们常常忘记使用理性和心灵。

我正在阅读的书《乔纳森·布鲁姆的奇幻之旅》，书里有一个犹太男孩，十七岁时为了寻找自由离开了父母和自己的宗教，或者说他尝试离开，走向广阔的世界。我还没有读完，这是一本很好的书，是我的生日礼物。我的生日过得很愉快！现在我满十三岁了，感觉有些奇怪。好吧，我还得到了另外一些书：《万物神奇的旅程——马蒂亚斯·克劳狄乌斯的人生故事》、艾米莉·勃朗特的《呼啸山庄》和拉斐克·沙米的《夜的讲述人》。我觉得它们都非常非常精彩。我还获得了一套水彩画笔，最近一段时间我很喜欢画画。我的生日礼物还包括一个背包、新衣服、两张CD和一套三角板。我还希望有一次户外徒步旅行，我的表兄妹会说，这是一次“户外宿营假”。

我生日那天，约翰内斯来看我。我和他也讨论了关于真理和上帝的问题——最后他无话可说了！他似乎蔑视所有与上帝相关的事物，他觉得我们举行坚信礼弥撒非常可笑。星期日是我外祖母的生日，我写了一篇祝词，题目是：“对十诫的漠视”。总体来说，弥撒进行得还算不错。

我正坐在我的房间里，我的生日宴餐桌上还立着我洗礼时用的烛台，烛台上有一支蜡烛正在燃烧。祝你在美国过得愉快！

希望不久之后见！

你的诺拉

又及，很高兴，哲学家俱乐部没有被解散！

又又及，希望你不要定居美国。

埃森，1995 年 10 月 13 日

亲爱的诺拉：

很高兴今天早上被邮差唤醒，他送来了你的信。经过长途飞行，我比以往都睡得沉。很遗憾，没能参加你的生日庆祝会。但我们明天就能见面了，先要祝你一切顺利。我尤其希望，你能够克服你在信中提到的一些感伤情绪，这在你这个年龄很常见。希望你能够将你儿时的信仰延续到你成年之后，虽然信仰的形式不可避免地会有变化。你有着清晰的理智和高贵的心灵，这是一个不经常出现的组合，因此也就弥足珍贵，这是上帝给你的最好的礼物，它令所有珍贵的生日礼物黯然失色。

还有，我没能在你生日当天在场也有好处，这是一个巧合，在你十三岁生日到来的那一天，我正好在哥伦比亚大学作了一场演讲。你知道，我很喜欢美国大学，同行和学生们的友善以及他们对于专业的兴趣让我印象深刻。我的演讲讨论的孤独和主体间性问题，引用了赫拉克利特、拉曼·卢利、尼采以及一些智者的话。一位名叫莱斯利的非常聪明而又友善的女同行提出了质疑：这些问题只是这些哲学家个人的主观经验，并非实在之物。莱斯利的批评非常中肯，让我印象深刻。

我边思考边向我的宾馆走去，远远看见在校园里一块僻静的草坪上，一群人正在激烈地讨论问题。

“这些信显然是伪造的，老实说，一个像我这样有经验的发展心理学家很难被蒙骗。一个十一岁的孩子不可能提出这样精确的问题，追问上帝的全能和自由意志之间的关系。”

“皮亚杰，你高估了你的发展心理学。”一个人反驳道。我马上认出来这位是我们的老朋友卢梭。“我们瑞士同乡之间可以开诚布公，我一直认为，你的研究只顾及儿童的理智，却还未到达儿童的心灵层面。只关注精神，罔顾心灵的研究都是白费力气！只宣扬理智却忽视情绪的文化是糟糕的——面对诺拉这样的心灵——无疑会让人提出这样的疑问……”

原来他们正在讨论我们的小寿星！我默不作声地走上前去，倚在一棵树上，听听大家的讨论。

“卢梭，你亲眼见过这位诺拉吗？”

“没有，因此我很是遗憾。我想成为她的哲学保护人，但是维柯从我这里抢走了这个称号。”

“原来如此！请带着批判性来思考一下吧。当你提出某个观点，宣告某种情形是不可能的（比如你认为这些信不可能是一个十一岁的孩子写出来的），而又没有充足的经验来证明，这一否定性的观点就是愚蠢的，至少是不科学的，没有经过启蒙论证的……”

“让启蒙见鬼去吧！我感觉到了，诺拉是真实存在的。我根本不需要用眼睛看到她。她在我的梦里出现多次了……”

“这是典型的投射案例，”一位维也纳口音，留着胡须、戴着眼镜的长者说话了，“一比零，皮亚杰，幸运的是，我们的学科比哲学要多一点批判思维。”

“无论如何，诺拉是一个原型人物，”第三位先生说话了，他有明显的瑞士口音，“我想说，弗洛伊德，她简直就是儿童中的女先知，为正在老去的哲学家带来了灵感。”

“诺拉是真实存在的，荣格，”从后面传来了一个清晰有力的声音，“我亲眼见过她，在一个周日的早上，在她家乡的教堂里。”

“奥古斯丁，但愿你当时不是在做梦。即便如此，我也愿意承认，你有可能遇上过一个女孩。但这并不能证明，那个女孩就是这些可疑信件的作者。看吧，不管这些信的作者是谁，信中写到你们相遇时说，你是黑人——可你不是黑人。诺拉，我是说隐藏在这个名字后面的那位姑娘，她的目的显然是将心理学引入歧途。因为你在非洲出生，就误以为你是黑人。同样，你也把你的各种猜想投射到你心中的这位诺拉身上。”

“不管怎样，”弗洛伊德打断了皮亚杰的话，“‘诺拉’这种假扮的幼稚非常狡猾。但是没有人可以骗得了我们，写信者只是在故作天真。”

“不好意思，我要打断一下，”一位身着主教袍子的和善的先生说话了，“当然也有可能的是，诺拉认为我们的朋友奥古斯丁是黑肤色的，因为颜色是主观的认知。”

“这又是怎么回事？”

“是这样的，诺拉将英国风景描写得非常感伤。这一方面可能是因为，英国的风景的确让人感伤，另一方面也可能是因为，信的作者想让风景显得感伤。但是风景本身绝不是感伤的！因此，奥古斯丁本人虽不是黑人，他给别人的印象怎么样，取决于眼睛的构造，或者事实上是，取决于对方的心灵。”

“贝克莱，只有人们对肤色的认知是这样的吗？”

“当然不仅仅是肤色，所有对于质料的感知都是如此，质料只通过意识而存在。”

“通过谁的意识？你的意识吗？在你的意识之外，我们就不存在了吗？”

“我不这么认为……”

“但是我这样认为！我是唯一的存在，你们都是我的认知的所有物！”

“可别这样，施蒂纳，我们还是心平气和地……”

可是施蒂纳拍起手来，他看上去让人不舒服，我闭上了眼睛。

当我再次睁开双眼时，所有的人都不见了——施蒂纳也不见了。莱斯利说得有理，这是我的想象吗？我们哲学家永远是内在意识的囚徒吗？

与去年你的生日相比，我发现哲学家们的反应有以下不同：首先，这次出现的是不同的哲学家；其次，那不勒斯与哥伦比亚比起来，是一个更有活力、更宽容的城市；最后，十三和十二不同，不是一个圆满的数字！

真诚的祝福！

你的维托利奥

亲爱的维托利奥：

非常感谢您一个月前来我家时带给我的信。非常抱歉，又过了这么久才回信，让您久等了。

维托利奥，妈妈告诉我，您打算发表我们的信。我简直不能相信我的耳朵。发表?！为什么要发表?！如果有我认识的人读到这些信呢？您到我家时，我们还得讨论讨论这件事。

现在让我们再来回复上次那封令人迷惑不解的信。

第一，亲爱的心理学家们，我很想邀请你们来喝茶，为的是让你们看看我的真实存在。（也许你们会认为这也是幻觉。）因为这个邀请无法实现，我现在也无法证明，我，诺拉，真实地活着，现年十三岁，而且给维托利奥写过信，你们不得不相信我。（可你们根本不相信我。）你们说，一个孩子写不出这样的信。可事实是，我真的写过这些，如此一来你们的观点就被证明是错误的。

第二，我也不相信，成年人能够写出这样的信——我们这些孩子在有的方面是要胜过成人的。比如，孩子不像成人那样冷漠、爱算计。在这一点上，我同意卢梭的观点，只关注精神、罔顾心灵的研究都是白费力气！

人们怎样才能证明其他人的存在？我也不是很清楚。也许是这样的，通过爱，也通过恨，通过思想交流。人们很难和一个假想出来的人讨论问题。一个“假想的”人无法拥有自己的思想，无法与他人讨论。人们只能将真正的情感交付给另外一位有精神的生物。

另外，如果我们周围的世界不存在，我们会感觉被欺骗，难道不是这样吗？

这不仅针对其他人，也针对整个外在的世界。您认为，上帝在欺骗我们吗？有一次您写信给我说：“也许上帝为了真理而欺骗我们。”

您想说明什么呢？您认为，我们的肉体只是一个幻觉吗？我不知道该说什么。之前我以为，人由质料和精神组成，但现在我不是很确定了。如果世界只是一个梦，又会怎么样？是不是非常可怕，让人无所适从！也许是这样的：我们的世界不是梦，但也不是唯一的世界，就是说，我们同时还生活在另外一个看不见的世界里。

有时候，似乎在我们这个世界的中央还存在一个另外的世界，让我以为，我身在别处……

啊哈！这真是一件复杂的事情。

第三，什么是主观，什么是客观？

我相信，如贝克莱所说，感觉是主观的。实际上，整个人都是主观的。每个人是主观的，但是人身上也有一些客观的东西，比如将所有人联系在一起的东西，这时我们在他人眼里同时也是一个客体。

是的，我已经写完我的故事，它的题目是“他的船”。

您认为，这个题目合适吗？我正在酝酿一个新的故事。看吧，也许会是一个圣诞故事。

上周末，我们去了柏林，拜访了朋友，参观了几个城中的景点，当然不是所有的景点。我很喜欢法兰西大教堂，柏林主教堂却很糟糕：俗气、豪华、炫耀、咄咄逼人——除此之外，就很空洞了。它不像上帝之家，而像是皇帝和皇亲国戚借此扬名立万、炫耀财富和权力的“房子”！太可怕了！

我觉得柏林是一座很美的城市，但我不确定是否想在那里生活。另外，我们还去看了我们的老房子。我在这座房子度过了人生的第一个三年，现在也还能记起许多那里发生的事情。我们还在歌剧院看了一场芭蕾舞剧——《雪后》，它美极了！

这个奇怪的马克斯·施蒂纳到底是谁？我和贝蒂娜开玩笑，说她是我的财产、我的想象，实际上根本不存在。她很干脆地回复：“那我就挠你的痒痒，到时你就知道我是真实的存在！”

今天下了今年的第一场雪——下雪的时候，世界变得神秘而宁静。现在已经是圣诞前的降临节了，空气中有神秘的气息流动，不是吗？

我正在阅读迈耶的《古斯塔夫·阿道夫的侍者》。目前我正缺书看。《呼啸山庄》我读完了，非常好。

很快见！

你的诺拉

又及，*Scribo epistolas, ergo sum!*（我写信，故我在！）

1995年12月9日

亲爱的诺拉：

你的信像以往一样，又一次给我带来了巨大的欢乐——真诚地感谢！太好了，你又一次参观了你出生的城市。你关于柏林大教堂的评价非常合适：如果所有人都像你一样相信上帝，而不是惦记自己的权力，这个世界会更好。贝蒂娜说得对，要反驳一些哲学家，只需要搔他的痒痒肉就足够了。

我很能理解，我的上封信一定把你搞糊涂了，我也不是很喜欢这些心理学家。我不喜欢他们对待你如同对待一个物品：他们只想了解你，而不是向你学习。而我一直把你当作真正的对话伙伴，因此需要你自己决定，是否要将我们的通信发表。

今天早上我再次前往那家著名的咖啡馆，心里想着你的信和你的问题，却在咖啡馆门上看到了这样一块牌子，“装修期间，停止营业”。我大吃一惊，重重地敲门：“快让我进去，我需要一位哲学家。”

“稍候，稍候，年轻人。”突然有人说话。脚步声从门里传来，一位面相高贵、长须飘飘的老先生打开了门。

“这里发生了什么？”我问他，“为什么要重新改建呢？”

“因为诺拉的精神改变了——但是不要担心，改建之后一切都会变得更好。请进吧。”

我在一张桌子旁坐下，仔细端详这位老者。我确定未曾遇上他，不过他的脸让我觉得很眼熟。

“我们认识吗？您是一位哲学家吗？还是负责装修工作的？”

“我只是个负责装修的。我们没有见过面，但我听说过诺拉，还遇上过她一次。”

“您对她怎么评价？”

“一个很有意思的孩子——或许我应该说，一位年轻女士？”

“即便您不是哲学家，您能帮我们出出主意吗？诺拉陷入迷茫，她不知道什么是真实的。她质疑上帝是否欺骗了我们，有时候，她甚至与上帝争吵过，夜里做梦她还梦到人生如梦。”

“在某种意义上确实如此。我们所经历的并不是真实的世界，它是一个更高现实的镜像。只有当我们上升到更高的境界，才能回答这一问题，是否存在着其他人，是否存在着某种物质，等等。”

“但是人类会为此争吵，是否存在着更高的世界，有些人甚至会怀疑上帝的存在。日常世界的存在只不过被个别可笑的哲学家质疑。”

“哲学家也许可笑，但他们是有道理的。尽管在我们看来，经验世界比另一个世界给人的印象更为真实，但实际上，另一个世界存在于更高一个层次上，但它也能够获得更深刻的认识。只有当人们迈向理想世界，即上帝的境界时，我们才能正确地看待这个经验世界。只因为我们知道，上帝想让大多数人存在，因为只有在人的相互关系中，道德才能得到完善，我们也才能确认其他人是存在的。如果我们只是分析我们的意识，便无法走出意识。只因为我们知道，精神必须摆脱无精神的世界的束缚，我们才能确信存在着一个独立于意识的自然——当然这仅仅是作为精神发展的前提条件。”

“听上去很有意思，但是你能解释一下笛卡尔说过的话吗？‘也许上帝为了真理之故欺骗了人类。’”

“这并不难解释，上帝只想要真理，只要我们不反对，他是能够将我们引向真理的。但是他也能欺骗我们，在经验的范围内制造假象。”

“这怎么可能？”

“现在，试想一下艺术吧。诺拉刚写下的故事，真实发生了吗？”

“不是，我猜那不是个真实的故事。”

“那么，我们的小朋友是个骗子吗？”

“听着，老人家，我几乎不知道还有什么人会比诺拉更在乎真相。”

“我也是这么认为的。但是，她爱写故事，她说的故事在现实中根本不会发生。那么，她就是在欺骗我们！”

“不是，你这个固执的老头儿！她不过是用这种方式把我们带向更为深刻的真理。”

“也就是说，她为真理之故欺骗了我们——和上帝一样。艺术家是真理的朋友，同时也在行骗——这让他们如此迷人。只有当人们区分经验和理念的真实时，才能理解这句话。如果人们可以区分这一点，就能真正理解艺术的奥秘。诺拉不仅有哲学天赋，也有写作天赋。”

“你说的话让我想到了柏拉图。他是我最喜欢的哲学家，很遗憾还从未在咖啡馆里遇上他。他不喜欢社交吗？不过，我还是舒了口气，因为其他哲学家都让我觉得震惊，如果我遇上了他，哲学家中最伟大的那位，就这么平平常常地见面，我一定会出于敬畏而晕倒在地。”

“我知道，”老人的笑容充满魔力，“因此，我并没有一开始就自我介绍……”

听到这话，我惊呆了：“您就是柏拉图？”

我失去了意识，当我重新醒过来的时候，柏拉图离开了，咖啡馆也消失了，我正在你家的书房里，你刚从学校回来。是的，这时，我可以把这封信交给你了。

你永远的朋友维托利奥

雷根斯堡，1996年1月3日

亲爱的诺拉：

新年的第一封信写给你（当然是手写，因为我在这里没有电脑），你不要以为我不想继续我们的通信了，恰恰相反，我希望你会很快回信给我！正如你所知，你的信对我来说非常重要，我相信，我们的通信会延续我们的一生。人的一生不可避免地，也是幸运地不断发展变化，但基础是不会改变的。你妈妈告诉我，你们度过了愉快的圣诞假期，在绍尔兰迎来了新年。希望你们都休息得好，为来年积聚力量。

在除夕之夜，我在多瑙河边散步，凝视着不断流淌的河水，陷入沉思。突然感觉有人正看着我，就转过身去。

“逝者如斯夫，流动的河水让人想起时间的流逝。”暗处的一位先生问我，看不出来是谁。

“的确是这样，只是现在是年终，似乎给人一个印象，好像时间的洪流中出现了强大的断裂和某种突然的转变，而这里的河水依然平缓地流动。这就是区别。”

“是的，这来自我们的时间概念，通过个体、通过社会，并不是来自时间本身。几个小时以后什么也不会发生，与昨日和前日并无不同，即使突然烟火绽放，但是时间本身永远都一如既往地从容流淌。”

“为什么我们对于时间的评价会偏离时间本身？”

“这是因为我们比时间要有趣。我们的任务是改变自我：衰老和死亡从本质上说是更高级别存在的一个特权。时间的流逝对于矿石来说是外在的，对于有机物来说，时间的流逝是内在的。人类最终知晓死亡，也知晓时间。人类是万物中与时间关系最为紧密的，人类的存在被时间所浸润。”

“但是，人类也能够认知观念世界，观念却是永恒的。”

“是的，这也没有错。我们人类既是与时间结合最为紧密，也是最能够超越时间的生物——比石头和动物更有时间性，同时也更永恒。”

“这听上去很神秘。”

“的确是神秘。这个秘密决定了许多其他秘密。”

“哪些秘密？”

“我们会变老，会改变，同时也会与永恒更为接近——成年既意味着提升到永恒的世界，同时也意味着年岁的增长。”

“可是，不仅我在变化，我的同伴也在变化，他们与我的变化不同，因为他们比我年长或年幼。”

“是的。不仅我们自己的意识流被时间所浸润，在人与人交往的世界中也是如此。这是值得期待的现实，但也会带来问题。”

“什么样的问题？”

“每一种教育关系的前提是区分了教育者和受教育者，前者要比后者年长，后者要比前者年轻。”

“教育是如此困难。因为一方面，只有当受教育者被当作平等的人受到认真对待时，教育才有可能与知识的灌输区分开来；另一方面，由于年龄差异，会出现教育双方不均衡的状况——但如果没有这种不均衡的状态，也就谈不上什么教育了。人们怎样才能在这两者之间找到一种均衡呢？”

“一切工作的有趣之处在于，在看上去相互对立的两者之间建立一种均衡。我们刚才不是说了吗？人类将时间性和永恒性以奇妙的方式结合在了一起。在自律（Autonomie）和无序（Asymmetrie）之间也要建立一种类似的和谐，这种和谐的状态必须也出现在教育中。”

“请告诉我，陌生人，”我打断了他的话，“我应该如何处理以下情况。在即将结束的这一年和过去一年中，我与一位小女哲学家进行了奇妙的通信……”

“著名的‘恐龙诺拉’，”他打断了我的话，“谁不认识她呢？我也知道你的问题。你们的通信是一个相互交往的过程，你从诺拉身上学到了很多。你阅读了许多关于儿童哲学的书，所有的教育学家和心理学家都只想了解儿童，而不是向儿童学习，他们由此将儿童作为一种研究对象。当你开始进入形而上的层面，思考诺拉和她的发展，你也是将诺拉当作研究对象。

当然，你也把自己作为研究对象，进行了客观观察。因为在你写作关于诺拉的文章时，你也写过一篇关于自我成长的文章。但你比诺拉要年长，对自己成长的过程更容易把握。不过，诺拉的哲学保护人也曾经和诺拉讨论她的个人发展。”

“那么，明年我应该做什么呢？”

“非常简单，在形而上的层面上，也就是在关于你们通信的思考上，重建一种平等的关系。问问诺拉，她如何看待她自己的发展，她喜欢还是讨厌你们的通信和你的文章。但是不要催促她马上回答，她有很多事情要做，虽然她还年轻，但是她需要承担的责任占用了很多时间。”

这时，这位陌生人升到了空中，我认出了他——维柯！我听到保护天使的翅膀在风中扇动，直到除夕的爆竹烟花响起。

“新年快乐！”他冲我喊道，“祝福你，也祝福诺拉！我知道，她将会在哲学上取得更大的进步。对你，我只有祝福了，到了你的年龄，人将不再会有大的发展。当一个十三岁女孩的哲学保护人要有趣得多！”

他消失了。

我留下来把这封信写完。

你永远的维托利奥

后记

儿童与哲学

你的外在身形远远比不上
　　内在灵魂的宏广；
卓越的哲人！保全了异禀英才，
你是盲人中间的明眸慧眼，
不听也不说，谛视着永恒之海，
永恒的灵智时时在眼前闪现。
　　超凡的智者，有福的先知！
　　真理就在你心头栖止。
（为寻求真理，我们辛劳了一世，
寻得了，又在墓穴的幽冥里亡失；）
“永生”是凛然不容回避的存在，
它将你抚育，像阳光抚育万物，
它将你荫庇，像主人荫庇奴仆；
　　在你看来，
墓穴无非一张寂静的眠床，
　　不知白昼，不见阳光，
让我们在那儿沉思，在那儿期待。
孩子啊！如今你位于生命的高峰，

因保有天赋的自由而享有尊荣，
为什么你竟懵然与天恩作对，
为什么迫不及待地吁请“年岁”
早早把命定的重轭加在你身上？
快了！你的灵魂要熬受尘世的苦楚，
你的身心要承载习俗的重负，
像冰霜一样凌厉，像生活一样深广！[①]
——威廉·华兹华斯：《不朽颂》第8节

讨论儿童哲学的好书真不少[②]。有两种德国哲学专业学术期刊发表了儿童哲学专辑[③]，在美国甚至还有一种专门的儿童哲学杂志[④]。为儿童写的精彩哲学读物已纷纷面世。乔斯坦·贾德的《苏菲的世界》（*Sofies verden*, Oslo 1991）成了世界级的畅销书，它的读者中，成年人比孩子和青少年也许还要多。而《咖啡馆》这

① 译文引自《拜伦、柯尔律治、华兹华斯诗精编》，杨德豫译，武汉：长江文艺出版社，2014，第237—238页。

② 参见 H.-L. Freese, *Kinder sind Philosophen*（《孩子们都是哲学家》），Weinheim/Berlin 1989，从本书中我受益匪浅。——作者注

③ *Zeitschrift für Didaktik der Philosophie*（《哲学教学法》）6 (1984); *Ethik und Sozialwissenshaften*（《伦理学与社会科学》）4 (1993), Heft 3, 377-438，其中刊有一篇重要文章：D. Horster，“Philosophieren mit Kindern”（“与孩子一起进行哲学思考”）(379-388)。——作者注

④ *Thinking. The Journal of Philosophy for Children*（《思考：儿童哲学期刊》）.——作者注

本书的新颖之处，甚至是独一无二的地方在于，这本书中的哲学思考有一半是出于一个孩子之手。

私人书信来往其实并不适合出版，因为或许涉及个人隐私，但是来自孩子心灵的哲学思考使得本书的出版有了几分合理之处。而本书并不是为发展心理学提供客观材料，而是为了鼓励孩子，同时也是为了鼓励成人，与诺拉一起自由自在、毫无禁忌地思考哲学问题。不过我在这篇后记中发生了一次角色转换，诺拉的笔友，也就是我，将作为专业哲学家，对儿童哲学发表一些观点，目的是说服读者把我们的通信放入更为广阔的哲学领域。

这里将第一步对哲学与童年的关系提出更为普遍意义上的哲学思考。第二，将出于经验对哲学与童年的关系予以总结。第三，我将介绍一下我们书信来往中更为重要那部分的作者，也就是女孩诺拉。第四，基于对于信件的分析，我会简单谈谈关于儿童天赋的看法。第五，我会就哲学在教育中的作用提出自己的观点。

一

“儿童哲学”难道不是一个自相矛盾的（*contradiction in adiecto*）概念吗？童年和哲学难道不是八竿子打不着的两头？一头是游戏、想象和天真的年龄，另一头是以严肃的抽象概念和思考为特征的学问。还有什么比这两者的关系更为遥远？事实上，两者的关系如此紧密，人们完全可以说，在以哲学为使命的人身上，非得保留一些童年的天真才行。

两者的共同之处，首先在于对这个世界的好奇。对于孩子而言，世界还不是理所当然、平淡无奇的存在，它在孩子那里唤起更多的好奇。孩子在很小的时候就会问个不停、不达目的不罢休，这是人类精神的特质所决定的，人们要找到世界的秩序，发现事物之间的关联，揭开万物的谜底。正是这些“为什么”联结起了哲学和童年。不少孩子的问题，肯定是与某些专业知识相关，但并非所有的问题都是如此，除了因果关系方面的疑惑，孩子的许多其他问题也是哲学问题。当孩子想要知道，为什么我们会死亡，他并不是对一系列的具体死亡原因感兴趣，他想要知道死亡的意义。[①] 正因如此，孩子的问题通常与整合的一个点相关，而在现代，哲学可以将越来越多的学科整合成一个宇宙。

当然，孩子的有些问题只能回避，无法回答。要理解存在着一些不合理的问题，是哲学上重要的一步，

---

① 参见 Ch. Wolfs *Störfall*（《事故》），Darmstadt/Neuwied 1987, 105 f，文中的孩子比理性思维的父亲更有哲学见解，只有祖母理解孩子的问题。——作者注

如果我们不屏蔽一些问题，放弃对这些问题的分析，满足于常识，那么，儿童在认知上的进步就不可能取得。但重要的是我们必须认识到，对于这类问题的屏蔽，并非独特的成就，而是暂时的回避，这意味着我们有缺陷。比这些糟糕许多的，是那些将一切自己无法回答的问题归为非法问题的哲学（比如逻辑实证主义或者诠释学）。成年人也好不到哪里去，他们对孩子提出的原则性问题避而不答的原因，是他们也不知道正确答案，或者对给出正确答案的后果心怀恐惧。这么做会伤害孩子的心灵，他们尽管乐意受到成年人的引导，却完全能够感受到成人滥用权威做了不公正的事情。是的，这会妨害孩子的精神发展，没有比耐心的谈话伙伴更重要的了，因为不是所有的孩子都拥有足够强大的内心，可以不理会那些看似高明的成年人带给他们的失望，而继续保持好奇和对知识的渴求。

并非只有惊讶和好奇筑就童年通往哲学的桥梁，上文提到的童年的三个特征：游戏、想象和天真，不会给任何哲学家带来损失。至于游戏，绝对不是“认真”的反义词，谁若观察过儿童游戏时的场景，就会发现儿童对游戏极其专注，一方面将游戏作为目的本身，另一方面又将遵守游戏规则作为无条件的道德义务。这两点不也正好符合哲学的要义吗？柏拉图在《拉凯斯篇》的开头，不就是将苏格拉底的哲学比作一种兴致勃勃的摔跤运动，哲学既是目的本身，同时又遵守规则、富有道德感吗？

缺乏想象的哲学被判处了死刑，当代哲学大部分都能证明这一点。当然，想象必须有节制，灵感必须能够得到审视，而抽象概念和逻辑尤其必要。逻辑批评只有在观点存在的时候才能发生作用，批评本身不会带来灵感。认知在前，批评在后。没有富有建设性的想象，系统的建立就完全不可能，简言之，哲学需要的并非对想象的排斥，而是对想象的审查。

最后，天真是真正的哲学思考必不可缺少的品质。安徒生童话里只有一个孩子喊出了“国王没有穿衣服”。哲学家也必须有这个能力，无视自己所处时代和自己所属阶层的偏见，直视事物的本质，即便这会有失身份。[①]

反思，也就是说离群索居，反观自己的所作所为，是哲学最为根本的方法之一，这种能力直到童年晚期，或者在青春期才能获得。但是首先，反思有明确的思考对象，并非无所思。其次，哲学反思也区别于虚荣的自我反省——这正是现代人的主要疾病，反思关注普遍行为，不是关注个人的情绪。因此，人们可以说这是一种客观反思。反思对于哲学家来说，是自然发

① 参见 K. Jaspers, *Einführung in die Philosophie*（《哲学导论》）, München 1953, 12 ：“孩子常常拥有一种与生俱来的天分，会在成年后消失。随着年龄的增长，人们似乎被送入陈规和偏见、回避和遮掩的监狱，失去孩子的无拘无束。”——作者注

生的，他们以满满的天真和孩子般的自信进行着反思。

二

并非只有经过抽象推衍，人们才可以认定，童年是特别适合进行哲学思考的年龄，或者至少是有这个可能。在经验上，人们也可以证明这一点。在20世纪儿童和青少年心理学作为独立专业形成之前，已经有许多名人描述他们在儿童和青少年时期如何被一些问题困扰，并留下了深刻印象。这些问题如果上升到一个更为抽象的程度，通常就是哲学问题了。例如，伊壁鸠鲁写过，他十四岁时开始研究哲学。[①] 许多伟大的思想家已经在二十多岁，甚至是十几岁的时候就构想出自己的体系，当然，为了完善这种出于直觉的思考，通常还需要花费很多时间。人们完全可以猜测，他们在儿童时代便沉浸于形而上学的苦思冥想中。在这个问题上，一位作家的经历就很有代表性，他的作品总是讨论抽象的哲学问题，但非常难得的是，他同时也是历史上最写实的现实主义作家之一：列夫·尼古拉耶维奇·托尔斯泰公爵。他最初计划写作四部，后来仅完成前三部的处女作《童年》《少年》《青年》，尽管不

---

① *Diogenes Laertios*（《拉尔修的第欧根尼》）X 2. ——作者注

是严格意义上的自传，主人公尼柯连科·伊尔乾耶夫身上却明显有托尔斯泰的影子，他的思想和感受完全可以说是作家青年时期的想法。

在《少年》的第十九章，托尔斯泰描述了少年伊尔乾耶夫的古怪念头。《少年》记载了主人公九岁到十六岁这段年龄的经历。在书的开头第三章《新的观念》记录了少年思想中发生的裂变，在前往莫斯科的旅途中，他突然意识到了等级和财富差距的意义。的确，这是一个根本的思想突变。他意识到，他的家庭不是世界中心，在他和家庭之外，还有与自己无关的其他人。在这次重要的认识转变中，世界突然向他展示了另一面，不为他所知的另一面。[①] 不仅在家庭之外出现了一个新的领域，在家庭之中，年少的伊尔乾耶夫也越来越封闭自己。回忆这段往事，托尔斯泰认为温情丰富了童年，也为他的青年时代染上了诗的魔力，而自己的少年时代犹如沙漠，[②] 因为那个阶段缺少温暖的情感。在这孤僻的时光里，伊尔乾耶夫思考与他的年龄和处境并不相称的问题，"但在我看来，正是人的处境与道德行为之间的差异是真理最可靠的标志"[③]。

---

① L. N. Tolstoi, *Kindheit. Knabenalter. Jünglingsjahre*（《童年》《少年》《青年》）Frankfurt 1976, 151f. ——作者注

② 前揭，209。——作者注

③ 前揭，205。——作者注

托尔斯泰引用了一则谚语，从个体发展可以看出群体发展，以此来解释为何他在对哲学体系一无所知的少年时期就沉迷于哲学思考。伊尔乾耶夫认为自己第一个发现这些真理，却并没有因此而获得自我价值感，没能克服人际交往中的羞涩，恰恰相反，这位少年发现，幸福是主观的，与事物无关，而是取决于我们与这些事物的关系。少年伊尔乾耶夫认识到，死亡无所不在，万物是相对的。他就这一现象推导出，死亡之后有一种新的生活，在人的出生之前也必然有一段生活。最后，他还有一个唯我论的疑问，是否只有当人们观看的时候物才存在。“有时候，这些古怪念头让我做出些荒唐的举动。我会突然转头就跑，希望在我刚才不在的地方，发现虚无。”①

提出问题的水平与无法解决问题之间的矛盾，恰恰是让人着迷的地方。事实上，人们必须承认，孩子们可能并没有足够的能力回答他们关注的问题。托尔斯泰回想起少年时代为哲学问题苦思冥想时的不快乐,尽管他在去世前不久完成的对话录《儿童的智慧》中，描写了进行哲学思考的儿童，他们常常比成年人更拥有智慧。但托尔斯泰认为，抽象的哲学思考将导致自然感觉的缺失和没有节制的思考。并非只有托尔斯泰认为过早开始哲学思考会带来危险。维柯，比卢梭还

① 前揭，207。——作者注

早上几十年，也许是第一个发现儿童思考及经验的独特性和独特价值的人。他觉得自己过早开始学习逻辑，以至于被迫休学了一年半。[①]当时，他的头脑还没有适应抽象概念，还在进行幻想和形成记忆的过程中。叔本华没有受到维柯的影响，但也形成了类似的观点[②]，他还发现，大人经常教孩子去讨论他们实际上尚未理解的事物，这实际上是危险的，形式上过高的要求，将会使孩子失去自发体验的能力，毕竟，少年老成是过早接触哲学必然的风险，因此，“儿童哲学”经常被质疑也就无可厚非了。

所以，人们经常听到这样的说法，儿童也许能够提出哲学问题，但显而易见的是，他们还没有能力回答这些问题，因此如果无法阻止他们进行哲学思考，人们至少不应鼓励他们去这么做。心理发育的进化论认为，一定的思考能力要到人类到达某个年龄时才有可能获得。在皮亚杰开创性的研究[③]之后，发展心理

---

① G. Vico, *Opere*（《文集》）, Bd. V, hg. von B. Croce und F. Nicolini, Bari 21929, 5. ——作者注

② A. Schopenhauer, *Parerga und Paralipomena*（《哲学小品》）, Kap. 28: Über Erziehung（《论教育》）.——作者注

③ 参见 J. Piaget / B. Inhelder: *Die Psychologie des Kindes*（《孩子的心理》）, München 1986 (frz. 1 1966). 关于皮亚杰作品的一部优秀的导论：Th. Kesselring：*Jean Piaget*（《让・皮亚杰》）, München 1988. 对皮亚杰提出批评的 M. Donaldson, *Wie Kinder denken*（《孩子如何思考》）, Bern u.a. 1982 (engl. 1978). ——作者注

学试图去证明，孩子直到十一岁或十二岁才有能力进行形式思考，要完成这一任务必须在智力发展的第四阶段。（皮亚杰根据年龄划分了不同的发展层次：婴儿时期的触觉启动，一岁半到七岁是前执行阶段，七岁到十一岁是具体执行时期。）事实上，20 世纪最重要，也是最令人惊叹的心理学发现之一，是认识到孩子无法回答在成人看来非常基础的问题。一个通过简单逻辑思考就能解决的问题，是鸟儿更多还是鸽子更多，一个八岁的小孩通常还不能给出正确回答，因为鸟或鸽子的总数不是直观可见的。发现矛盾，理顺逻辑，类似这样的形式思考并非理所当然，要直到青春期，孩子们才能掌握其中的诀窍。即便更简单的具体行为，一个学龄前儿童也无法理解：比如时间和速度，在孩子看来是成正比的。当孩子跑速更快的时候，孩子相信，快跑要比慢走花的时间要多。①

发展心理学的经验对于道德思考的发育也同样重要，即便不是没有引起非议，但大多数人承认，它的哲学意义也是毫无疑问的。显然，形式执行相对于之前的发展阶段是更高的一个级别。不同年龄或不同文化有着不同的思考，谁若从中得出结论，所有思考形式都是平等的——这样的想法是错误的，是自相矛盾

① J. Piaget, *Die Bildung des Zeitbegriffs beim Kinde*（《孩子时间观念的形成》），Frankfurt 1974 (frz. 11946), 59ff. ——作者注

的——他就没有发现，他持有的所谓“元立场”，也仅仅是众多立场中的一个，这一立场也是相对的。年龄成长会带来心智成熟，这在原则上是正确的。事实上，孩子自己也承认必须向成人学习。当人们无法认识到人类早期发展阶段会在其他方面超越后期的阶段，自我发展和身体发育进化论就是片面和危险的。因为原初状态相对于后期发展较为成熟的阶段，也是有优越性的——对于世界的好奇。人再也不可能比在人生最初的一年半里学习得多和快。一个十岁的孩童提出有深度的问题，成年人可以用他更高的认知能力尝试去解答。正如之前已经暗示的那样：逻辑不是触及本质问题的方法，答案的质量也与提问的质量相关。[①]在哲学史上，也没有一种持续不断的进步——高尔吉亚在他论述“不存在”的著作中的逻辑上的错误，可以通过结构的清晰来弥补。更加显而易见的是，艺术上也是如此，只强调进步的思考方式是片面的。透视的发现，毫无疑问是绘画史上一个重大贡献，这无可非议。但这并不意味着，在追求精细入微的时代里，回到更为“原始”的表达方式就会成功，也不意味着，

① 乔凡尼·帕斯科利在他著名的散文《小男孩》中写得很贴切：“哦，孩子，你只能按照你自己的方式思考，按照孩子的方式进入深处，将我们一下子置于真理的深渊中，而不是让我们一级、一级往下走……”（*Opere* Bd. II, hg. von M. Perugi, Milano/Napoli 1981, 1650）——作者注

这是克服艺术发展停滞不前和陈陈相因的唯一可能。原则上，一方面对孩子的世界观，另一方面对历史上更早的、更为古老的思维方式不断进行新的探索，才是促进原创和直观获得发展的最有力的良药，而年龄的增长与历史的发展同样会带来原创性和直观能力的受损。

与孩子一起进行哲学思考有风险，我们不能否认有这种可能。同时，哲学的基本问题也不容忽视，许多孩子内心自发形成强烈的冲动去思考这些大问题，这也清晰地证实了，哲学思考是人类的原初需要。那么，我们该做些什么？面对这一困境，我认为最好的解决方案是：严肃地对待孩子提出的问题，同时尽量避免超出孩子逻辑思考能力的、过于抽象的问题。少年老成是一种负担，具体的哲学问题必须源自孩子的生活世界。与孩子一起进行哲学思考的成人不应直接将答案灌输给孩子，让他们死记硬背，无法形成真正的理解。成人应该以反问的方式引导孩子自发思考，让他们尽可能独自摸索，找到自己的答案。没有自发形成的观点，就不会有真正的哲学，而抽象的启蒙运动最大的错误在于相信人的自发性是从天而降，其实它更多的是对于传统进行扬弃的复杂过程的结果。在一个孩子的世界里，仙女的意义不亚于汽车，因此，成人可以做的第三件有意义的工作是，将哲学真正拥有的魔力翻译成童话般的语言，一种孩子特有的语言。

巴门尼德，西方逻辑学的奠基人，将一次拜访真理女神的旅程作为自己代表作的开端，并不会让很多人惊讶。在一项重要科学发现之后，现代科学之父笛卡尔赋予1619年圣马丁节前夜的三个梦境以重大的意义。同样，孩子完全有理由要求将哲学披上童话的外衣。第四点是关键，孩子的哲学思考不可以独自进行。孤独是创造力必不可少的条件，虽然常常是痛苦的。但是，孤独思考的阶段之后没有对话交流的阶段，孩子有可能在社交上遇到问题，会与同龄人产生隔阂。尽管哲学不仅是对话的艺术，但是对话是一种特别适合哲学思考的框架，因为对话带来多种立场，人们不能教条地拒斥某些立场，而首先必须理解它们，然后决定是接受还是拒绝。

基于以上准则，十年以来已经有相当深入的儿童哲学研究。在比勒的经典著作《童年和青年》[1]中人们还找不到“哲学”这个关键词[2]。美国学者马修·李普曼建立了自己的儿童哲学研究所，还有加雷斯·B. 马修斯，这两位在儿童哲学方面最知名的学者，一致认为哲学是

---

① Ch. Bühler, *Kindheit und Jugend*（《童年和青年》）, Göttingen 4, 1967. ——作者注

② 在四卷本的《儿童心理手册》（*Handbook of Child Psychology*, hg. von P. H. Mussen, New York u.a. 4，1983.）也同样找不到这一词条，却有与儿童哲学思考相关的词条“逻辑推理”（M.D.S.Braine und B. Rumain, III 264-340）和“道德”（J.R. Rest, III 556-629）。——作者注

儿童的基本需求，应该获得满足，正如儿童对于体育和音乐上的需求也必须得到满足一样。他们把孩子编成小组，与他们进行哲学问题的交谈，李普曼更偏重形式方面的问题，马修斯更偏重内容方面的问题。① 他们的著作中有些部分是为儿童撰写的哲学文本，有些部分是他们的相关研究成果。在德国，也有汉斯－路德维希·弗雷泽教授在从事儿童哲学方面的实践和理论研究。

三

贾尔德《苏菲的世界》对于诺拉的影响之大，可以与莫里哀的名剧《贵人迷》中的课程对于茹尔丹先生的影响相提并论。当茹尔丹先生听说，他说了一辈子的“散文”，非常惊讶，因为他压根儿也不知道自己说的是“散文”。诺拉在读了这本十一岁的生日礼物之后，也是一样惊讶，她这才意识到许多思考了很久的问题，

---

① 参见 M. Lipman, Pixie, Wien 1986 (engl.1981) 和 M. Lipmann/A.M. Sharp, *Handbuch zu Pixie*, Wien 1986(engl. 1982); G.B. Matthes, *Philosophische Gespräche mit Kindern*（《与孩子的哲学谈话》）, Berlin 1989 (engl. 1984); *Die Philosophie der Kindheit*（《孩子的哲学》）, Weinheim / Berlin 1995 (engl. 1994). 以及文集 M. Lipman / A.M. Sharp, *Growing up with philosophy*（《与哲学一起成长》）, Philadelphia 1978. ——作者注

可以被称为“哲学”问题，也已经被许多智慧的大脑思考过。在此之前，我在她家里认识了这位还只有十岁的女孩，我们一见面就成了朋友。我们见面后，我就问她，她的名字是不是在向易卜生的名剧女主角致敬。我觉得，这个问题对我们友谊的迅速建立起了点作用。她当时还无法回答这个问题，因为她不知道易卜生是谁，她就去问父母，很快就回来告诉我说的是对的。显然，她很受触动，这是她第一次知道了她名字的由来，这当然是关系到自我认知的重要信息，她好奇地追问这个文学形象，而且马上就喜欢上了易卜生剧中的女主人公。

1993 年年底，诺拉一直在思考一个问题。在《苏菲的世界》里，她读到的柏拉图的理念论给她留下了深刻印象。但是有一个问题一直缠绕着她：柏拉图有关于恐龙的理念吗？理念难道不是超越时间、永不消逝的吗？可是恐龙很久之前就灭绝了，那么恐龙的理念还会存在吗？我们不需要什么天才测试，就可以清楚地知道，这个孩子能够独立提出这个问题，显然具备哲学天赋。我通过电话给出了一个解释，在最后一只恐龙灭绝的时候还没有理念论的存在，除此之外，我还寄给了她一块杏仁巧克力恐龙（另外要说明一下，诺拉之前从未对于恐龙产生兴趣）。她的感谢卡片证明了，较之物质，她更重视理念的价值（恐龙杏仁巧克力没有被吃掉）。随后，她又对学校里讲授的亚里士多德的女性观表示愤怒。在这一点上，我们也可以看出诺拉的个性：即便她非常崇敬思想史上的伟大人物，但不会因此对他们的缺点视而不见。我认为她的感谢卡片值得我写一封详细的回信，很快，诺拉回了一封长信，由此就开始了我们的通信，除了通信，我们也见面和通过电话交谈。

即便是一个没有受过专业心理学和教育学的人，也会在阅读诺拉的信件时发现一个清晰的变化。前二十封信充满了活跃的想象。前面的几封信甚至还加上了插画。她用非常形象的笔触描绘了她与那些伟大哲学家的相遇，每一行字都充满了生活的喜悦，对上帝的信赖，对自然的热爱。人们只要读一读，她是如何解释我在咖啡馆的遭遇不可能是梦境，就会发现她论述的水平也非同寻常。这些思考产生的背景很重要，她不想否认“哲学家咖啡馆”的存在。当然，她知道，这家咖啡馆与家对面的比萨饼店不是一回事，但是她确信，内在的真理具有比经验世界更高的真实性。在这一点上，较之这个被祛魅的世界中那些乏味的成人，孩子与古人距离真理也许更近一些。诺拉从一本辞典上读到，维特根斯坦认为，“世界是所发生的一切”，她对此说：“如果世界真是这样的话，所有的秘密都被摧毁了。”通过诺拉关于咖啡馆真实存在的想法，我们也可以看出，诺拉对于细节的求知若渴：当她读到维柯赢了卢梭，被任命为她的哲学守护人，她就会去问她的母亲诸如这样的一些问题：做出决定的人是谁，是依据什么样的程序做出决定的。

尤其可贵的是，诺拉向他人学习的渴望能与强大的自我驱动力联系起来。第一封信就已经是一个小小的杰作。受到电影《死亡诗社》的启发，我在匆忙写就的信中虚拟了一个“已死亡（tot）却又永远年轻的哲学家咖啡馆”，她主动把这个奇怪的名字修改为“死去（gestorben）却又永远年轻的哲学家咖啡馆”，这个改动完全有道理，因为“死亡”（tot）较之“死去”（gestorben）表达的是终结程度更高的状态。值得注意，是柏拉图告诉诺拉，她必须自己去找到这家咖啡馆的地址。这包含一种对于自立的要求，柏拉图代表着成年人的权威，当然，与柏拉图的相遇也是诺拉自己的发明。诺拉独立寻找学习和模仿的榜样，可以说是一种自我教育。同样引人注目的是，诺拉以对女性角色的反思开始这次哲学通信，继而又思考孩童的天真。当她发现，她作为孩子不得不学习很多，还无法理解儿童对于解决尼采提出问题的意义时，她为女性受到的压制而感到愤怒——她用“圣诞女士”取代了“圣诞老人”。在我们通信的过程中，诺拉的独立性增强了。1995 年 3 月的信中，她报告了前往哲学家咖啡馆的一次飞行，虽然她一再向我强调，她只进了咖啡馆的前院，直到今天，她也没有走入咖啡馆。

诺拉与人交流的能力也令人佩服。我在信中写下了阿那克西曼德的一段她之前不可能读过的话，她在回信中即提到了这段令她感到迷惑的话，她邀请我吃饭的时候，提到了对于“理念”的滥用。她非常善解人意，即便是与马基雅维利谈话，她也怀有恻隐之心，并雄辩地证明他至少认识到了自己的错误，是一个充满激情的人。我去信告诉诺拉，马基雅维利非常看重诺拉对自己的看法。她收到信后，马上打电话告诉我，她会马上回信，因为她同情马基雅维利，如果他不知道她的看法，他的确处于一个糟糕的境地。唯独霍布斯没有得到诺拉的宽恕。她非常讨厌刻薄的人。尽管如此，诺拉还是试图去理解他，以心理分析的深度指出，霍布斯的论著是一种补偿机制。诺拉对三位怀疑主义者也同样有所保留。对于黑格尔，她明显保持着距离——他是唯一一位诺拉用“您”来称呼的思想家，而对其他最伟大的思想家，她总是无拘无束地用“你”来热情地称呼他们。值得重视的是，她并不认同库萨的尼古拉的思想，却认为它们在形式上充满趣味。

诺拉的信里有着天真的自信，涉及所有的哲学领域。当然，对于诺拉来说，所有的哲学问题不仅是教育的内容，而且关系到人类存在的根本问题。上帝是一切问题的核心，上帝的万能与个人的自由意志能否统一，这一问题最让她不安，还有恶的来源也困扰着她。诺拉会反驳她的通信伙伴，也并不回应他提出的所有问题。与他观点不一致的是，她坚定地认为人有自由意志，尽管她的说法有时候会自相矛盾，她自己也发现了这一点。她对三位一体学说和基督论的思考之精微超出了她十一二岁年龄的认知水平，这些问题的困难程度也给她带来了一些烦恼。但是她始终以知识分子式的坦荡承认了所有她不能解决的问题。值得注意的是，她已经试图思考理性与信仰、道德和上帝的关系，并将上帝作为各种矛盾对立的统一体来看待。她还严肃考虑过动物和电脑是否有灵魂，对此，她已经有一些个人的经验。关于法律和国家的问题在她的信中经常出现。对于这个现代技术世界，她持有一种平和均衡的立场，这也令人惊讶。第欧根尼不赞成CD 播放机的圣诞愿望，这样的禁欲主义是她不能认同的。她在收到我的信后，给我寄了一袋小熊糖，并附了一张纸条：“小熊糖让孩子快乐——也能让第欧根尼快乐。”诺拉对于异国文化和历史时期有着明智的认识，对于文艺复兴的观点切中要害。诺拉具有的历史和文学知识之多，显示了她广泛的阅读面。

我在前文中提到过，我们的通信有一个转折点。1995 年年初，我们的书信来往不再那么频繁，我通常会在收到诺拉来信当天就回复，诺拉因为学校功课和其他事务的安排，信写得少了，而且，信的内容也发生了变化。思维风格的变化与青春期的开始有关。诺拉在与她的哲学保护人谈话时也说到了这一点。天马行空的想象力变得有所克制，而对于哲学根本问题的思考随之增多。她承认在上帝的问题上有所挣扎，甚至怀疑上帝的存在。在此之前，她在关于灵魂的讨论中否认永生的可能，认为生命以肉体的存在为前提，灵魂的存在只是一种宣称。

关于我们通信的方式还要说几句：诺拉的信件完全是由她独立完成的，大多数是在她对一些问题经过长时间思考之后落笔完成的，有些信连她父母都没有读过。而我的信总是由她父母代为她朗读——虽然她不允许他人私自拆开她的信件——这是因为她认不出我的手写体。（因为我经常在旅行中回信，无法使用打字机。）在这种情况下，她会与她的父母讨论一些问题，他们会提供给她一些相关的知识，她经常使用辞典和手册查找一些关于哲学家的信息。信中所有的想法和表述都来自诺拉本人。我们的通信也始终是诺拉自己的愿望，从未有人要求她写信。相反，当我在 1995 年春天建议中断我们的哲学通信，因为诺拉似乎有些时间不够用，她表示极力反对。最后，我与诺拉讨论了目前只有我达到的形而上的层面。诺拉从未想过这些信件将会发表。虽然我告诉过她，我把她的信件给一些朋友看过，他们都很喜欢，仅此而已。写信时候的她也一如既往地自在。我与诺拉的父母和一些朋友事先讨论过发表的问题，但最后的决定留给诺拉做出。为了弥补这篇后记造成的不对称，诺拉也会写一个后记。

我们的信件基本保留了原初的样子，只对书写错误进行了修改，改动了一些词句的重复，删去了关于私人生活的段落。诺拉为了保护个人隐私，隐去了真实姓名。感谢罗真女士（Brigitte Rotzen）、多纳特先生（Matthias Donath）和伊利斯博士（Christian Illies）为本书所做的文字输入。

我必须声明，我在信中描写的场景和人物并不是历史事件，他们是体现了一些思想的观念中的人物。若有人误以为，康德、韦伯和海德格尔真的在一辆火车上进行了关于伦理和技术的谈话，这不是我的过错。

四

绝不要认为只有很少一部分孩子和诺拉一样，有能力写出这样的信，恰恰相反，诺拉思考的这些问题，被许多热爱思考的人所思考，也包括许多热爱思考的孩子。问题不是一个孩子能否写这样的信，而是在我们的文化中，为何很少有孩子对哲学的好奇心像诺拉一样得到发展。我们需要反思，我们这个时代对于孩童和青年的天赋，与在稀有自然资源的利用上一样，表现出不负责任的态度。

一个显而易见的事实是，即便天赋有基因作为基础，也要有让天赋能够显现的外在环境。天赋和基因也只是一个必要条件，并不是一个充分条件。历史上有一流天才成群结队出现的情况，比如1800年前后的德国。难道我们可以由此认为，几十年前德国人的基因发生了某种特殊的变化？这种假设当然是荒谬的，但也许可以证明，文化环境对于天赋的发展是有作用的。比如，显而易见的是，一个学科的发展水平在一定程度上决定了会出现什么样的重大发现。在牛顿伟大的科学革命之后，还需要很长一段时间，才会在物理学领域再次出现可以与之媲美的伟大突破。新的科学范式需要获得充分的运用，才有可能再次产生新的范式。在18世纪，即便一位克隆版的牛顿也无法带来新的突破，而在16世纪，一个与牛顿有同样基因的人也不会写出《自然哲学的数学原理》。各专门学科的情况也许有所不同，但在哲学领域里是这样，在艺术领域也是类似的。

我在这里并非指某个划时代的重大发现，这种突破从来不是一个人，而是一个时代努力的结果。普通的天赋也需要在稳定的外部条件形成之后，才能推动一个领域的发展。首先得让有天赋的孩子感觉到，发展自己的天赋，虽然辛苦，却是件有价值的事情。孩子的价值观取决于周围环境的认同，家庭、朋友圈、学校、大学和文化中的精神氛围，对于孩子价值观的形成具有不可低估的意义。僵化而专断的文化氛围，拒绝富有创新的提问，对任何天赋都是有伤害的，而奉行相对主义的时代精神，否认质的差异，遵循所谓客观的标准，对天赋的伤害并不比前者少。不难看出，我们时代中的主要危险来自第二种。为了避免相对主义的风险，必须重申三个基本观点：第一，个人天赋的发展是人类幸福最深沉的来源之一，只要不妨害他人，每个人都有权利发展自己的天赋；第二，所有人都能从个人的天赋中获益；第三，有不同天赋的人多得令人惊讶。

家庭是可以与时代精神抗衡的强大力量。诺拉有幸出生在一个可以帮助她的天赋成长的家庭中。有愿意为孩子付出很多时间的父母，诺拉本人照顾妹妹的责任感（在兄弟姊妹群体中的角色担当是决定性格成型的一个重要因素），还有一起生活的老祖母（她既是古老传统活生生的代表，她的衰老以及年长又提醒着人类生存的另一个维度，这种维度在一个消费和享乐社会中总是会被轻易忽视），诺拉的家中有许多书籍，他们很少看电视，营造出一种精神氛围。家庭中的所有这些因素对于她天赋的发展起到了难以衡量却不可低估的作用。

诺拉在一家天主教文理中学上学，教师对于学生的个人指导、学校秉承的价值观，以及人文主义教育和课外活动的丰富都是促进孩子成长的正面因素。诺拉父母选择这所学校，有三个原因：第一，拉丁文是第一外语；第二，学校的价值观；第三，对于个性和学生天赋的关注和促进。对学生提出过高的要求不是一件好事，但是要求过低也会带来可怕的后果：不是天赋萎缩，就是因失意而生发傲慢之心。孩子的天赋不同，一个因材施教的学校制度就尤为必要。

如果关注一下当下的公立中小学和高校教育制度，我们完全有理由担心。因此，我认为，有必要建立更多的私立中学和高校。国家对于私立学校的管理是完全有必要的，但是无法期待国家有足够的能力和可能性可以垄断教育甚或学术创新观点。人们不可以要求精神多样性与国家实行的教育垄断同时存在。毫无疑问，国家有兴趣培养有天赋的年轻人。有志于为公共福祉服务的精英并不是一件危险的事情，而是促进社会发展的必要条件。忽视个性的教育不利于能力的培养，无法摆脱工业社会的困境。人们普遍认为，21 世纪人类发展的前景并不乐观，根据新的发展需要，整体的教育改革和有针对性的优才培养都亟待施行。

五

在新的教育理念以及优才生培养上，哲学应该占据一个怎样的特殊位置？诺拉的信告诉我们，哲学在对精神进行管理时具有四个不同方面的作用：第一，哲学在不同知识领域之间建立了关联，在数学、语文、宗教、历史、地理和生物课上出现的问题，都可以在哲学的层面上进行对话。第二，对于诺拉而言，哲学解答了关于道德问题的疑问。第三，哲学将宗教信仰翻译成了一种知性语言。第四，在这种重新建构的尝试中出现的问题和质疑强化了她的批判意识，她在对“地狱三人帮”的回应中也已经意识到这一点。事实上，这四点是哲学最为重要的功用。

我们先来看第一点，普通人具备完整统一的自我意识，因此，将多种经验及收集的无数信息按照一种秩序排列归位，是人类的一个无条件需求。确定某种真理在知识整体中的位置却是哲学的工作。将单个学科从哲学中解放出来，也是学科发展的必要前提，同时也会带来许多实际的好处。学术社会功能的日趋低下、学术界精细的专业化对于人类生活产生的致命影响，都使我们认识到，尽管学科独立于哲学的趋势不可逆转，依然必须对知识的内在联系进行更深刻的反思。比如，人类也是一种有机体，因此重要的是理解，为何以及在何种程度上人的生物特征有助加深对于人类社会行为及其历史发展的理解。然而，在对于内在关联的确定，以及对于人类天性中生物性和非生物性特征的区分上，哲学是必要的。在中小学开设哲学课，可以加深孩子对于学科统一性的认识。相反，如果哲学问题在各门学科中得到讨论，也会有助于提升哲学研究的精确性和现实性。

我支持在中小学课堂上加入更多的哲学讨论，事实上并不意味着我认为哲学课在任何年龄段都是必要的。在这门学科发展并不十分景气的情况下，中小学和大学课堂上增加哲学课程的数量，并不一定是件好事。但是，哲学讨论应该进入中学课堂，也许越是不将哲学课作为一门独立课程，就越能够轻松地实现这一目标。黑格尔在纽伦堡时期是一所文理中学的校长，对于中学里的哲学课，他比任何一位伟大的哲学家都有经验，但是他也无法确定哲学课作为中学里的一门独立课程是否有意义。他的好友弗里德里希·伊曼努尔·尼特哈默（Friedrich Immanuel Niethammer）自 1808 年起在慕尼黑担任中央教育委员会和高级教会事务参议，他邀请黑格尔为巴伐利亚王国的文理中学制订一份新人文主义的教学计划。黑格尔在 1812 年 10 月 23 日撰写了意见书《关于文理中学里的哲学讲座》。[①] 他这样写道："这份意见书还缺少一个结论，我没有加上它，是因为我本人抱有疑虑，中学里的哲学课是否是多余的，古典语言是否最适合文理中学学生，是否在内容上便已经是真正的哲学导论。"[②] 不过，黑格尔

① G. W. F. Hegel, *Werke in zwanzig Bänden*（《文集》20 卷）, Frankfurt 1969-1971, IV 403-416. ——作者注

② *Briefe von und an Hegel*（《黑格尔通信集》）, 4. Bde., hg. von J. Hoffmeister, Hamburg3,1969-1981, I 418 f. 参见黑格尔 1812 年 3 月 24 日写给尼特哈默的信："但是显然在文理中学里哲学课已经太多太多，而在普通中学里通常又过于缺乏。"（I 397）——作者注

并没有对自己的专业和职业进行自我否定。他给出一个支持哲学课的事实依据：文理中学中的古代语言课程（这些课程现在也已经逐渐从中小学里消失）的教授方法过于偏重语文学。黑格尔在柏林期间也写过一个意见书——《关于文理中学里的哲学课》[①]，这次是受普鲁士王国宗教、教育和医学部的委托，于1822年4月16日撰写。他认为，在中学里教授古代语言和基督教教义是对哲学研究所做的最好准备。他非常坚决地反对在中学里专注于教授哲学史的做法。这正是意大利实施的由乔瓦尼·真蒂莱（Giovanni Gentile）主导的中学改革后的授课方式。黑格尔预见了这种授课方式的弊端："如果没有哲学思辨作为前提，哲学史不过是一连串偶然、随意观点的讲述。有时候人们会把这种情况当作目的本身，这容易让人轻视哲学，对它形成负面的观点，以至于人们会认为，哲学研究不过是徒劳的耗费精力，而要去研究哲学的年轻人会更加白费功夫。"[②] 以问题为导向的、从各门课程中生发的哲学问题，一定胜过灌输与孩子的生活和学习毫无关系的哲学观点。

哲学的第二项功能是作为道德的导向，这在诺拉

---

① G. W. F. Hegel, *Werke in zwanzig Bänden*（《文集》20卷），XI 31-41. ——作者注

② 同上，G.W. Hegel, *werke*（《文集》20卷），XI 36. ——作者注

的经历中是非常明显的，比如面对后现代的挑战，比如环保危机的威胁。道德问题很难用描述性的语言来回答。了解事实情况并不意味着知道如何去应对，因此伦理不可能被归入其他学科，道德教育是要求很高的工作，仅仅给出一些道德说教是远远不够的。伦理教育的目标必须是培养出有道德的人，这项工作如果没有教育者作为道德榜样是很难实现的。亚里士多德曾经取笑那些在哲学中寻求纯粹理论庇护的人，将他们比作那些热衷于去看病，却不遵循医嘱的病人[①]。柏拉图教育理念的深度至今依然不可企及，他称道德教育为改变灵魂的艺术[②]。根据这一观点，教育以灵魂存在为前提。正如不可能为盲人种植眼睛，教育者可以修正灵魂的方向，却不能无中生有地制造灵魂。事实上，相信单纯通过教育就可以让人变得有道德，这是一种臆想。好的哲学能做的是，让那些有天赋的孩子克服青春期对道德的有效性的智识上的怀疑。诺拉的性格成形当然要早于她的哲学研究，但是哲学可以保护她的个性，并帮助它发展。

在德国中小学，伦理课常常作为宗教课的替代品。这有些遗憾，因为宗教课不应取代孩子对于伦理问题的思考。相反，一个对于伦理和哲学感兴趣的孩子不

---

① *Nikomachische Ethik*（《尼各马可伦理学》）1105b12ff.——作者注

② *Politeia*（《理想国》）518bff. ——作者注

得不放弃宗教学习，也是一件遗憾的事情。从诺拉的信件中可以看到，在孩子的意识中，宗教、伦理和普遍的哲学问题是如何紧密关联的。当然，经过哲学证明的无神论可以得到智识和道德上的尊敬。但是对于上帝和死亡问题进行认真的反思，是一个青年人不想变得浅薄的前提。对于这些问题避而不谈，是对于孩子灵魂犯下的罪行，当他们从反思中获得一个超越现实和社会现状的指南时，可以获得一种信心和力量。

当然，尽管思考最终总是回到上帝，但是，哲学的上帝观与宗教的上帝观是不能等同的。也许对于某些头脑狭隘的宗教团体的领袖人物而言，这是一个丑闻，对于现代国家来说，这样的区分却是有益的。因为在一个多元文化共存的世界共同体中，有必要寻求共识，超越信仰分歧和宗教差异。合乎国家理性的自我中心主义不足以维持一个现代国家的正常运行，完全倚赖宗教启示书也无法将所有国民团结起来。因此，在我们的通信中出现了其他宗教和文化的代表人物，我认为这非常重要。我这么做，是因为诺拉有一次告诉过我她做过的一个梦。诺拉的父母致力于促进犹太教教徒和基督教教徒相互理解①。一位致力于基督教

① 诺拉对于犹太教的熟悉可以从她对马丁·布伯《哈西德教义》的引用中看出。Hellerau 1928，532 f（见 1994 年 10 月 27 日诺拉的信）。——作者注

和伊斯兰教教徒和解的朋友有一天晚上告诉他们，他的许多穆斯林合作伙伴总是试图让基督徒皈依伊斯兰教。诺拉听说这件事情之后做了一个梦，梦见一群穆斯林闯入她家中，劝说她皈依伊斯兰教。诺拉开始还请他们坐下喝茶，但是很快就惊醒了。为了安抚她，我和诺拉进行了几次宗教主题的交谈。事实上，对于个体和整体来说，智性哲学思考的一个重要结果就是，学会如何与来自其他文化的人们进行毫无偏见的交流，因为哲学是真正具有普世意义的。

孩子们提出的根本问题是哲学思想的萌发。进化论并没有阻止老皮亚杰去承认，他的理想是“永远做个孩子……儿童时代是真正具有创造力的人生阶段”[①]。最后，我要引用尼采的作品，虽然它们属于哲学家眼中的毒草，但总是迸发出智慧的闪电。尼采的查拉图斯特拉在第一个讲话中说到了人类精神的三个变形：骆驼、狮子和婴孩。骆驼背负所有的重任。狮子的“我愿意”战胜了巨龙的“你应该”。当然，狮子也只能否认，而不是创造新的价值。因此，掠夺的狮子必须成为婴儿。“婴孩乃天真，遗忘，一种新兴，一种游戏，一个自转底圆轮，一发端底运动，一神圣底肯定。是呀，兄弟们，为创作的游戏，必需神圣底肯

① J. - C. Bringuier, *Conversations libres avec Jean Piaget*（《与皮亚杰的谈话》）,Paris 1977, 170. ——作者注

定，精神于是需要其自我的意志，失掉世界者要复得他自己的世界。”[1]尼采自己没能超越狮子的阶段。也许，诺拉的信会为未来的进入儿童阶段的哲学形式提供一个榜样。

维托利奥·赫斯勒

① 译文引自《苏鲁支语录》，尼采著，徐梵澄译，商务印书馆，1997年，第21页。

结语一

我们这个世界的魔力

亲爱的读者：

最后，我还想就我们的通信说几句话。这真是件难事，我不知道该说些什么。因为我还不认识读者，每个人都有可能是这部通信集的读者，我怎么知道应该说什么？！

尽管如此，我还是尝试写下一些给读者的话。回忆起三年前的时光，很多事情发生了改变，我的内心也是。

最好从认识维托利奥的那个夜晚说起。我记得是妈妈参加了一个哲学会议，在会上认识了维托利奥。随后妈妈邀请他来我家做客。这样我就认识了他。我现在还记得他向我走来的样子，神采奕奕，脑袋偏向一边（他问候别人时的标志性动作），向我伸出手来。

不久之后，他又一次来我家做客。我们围坐在餐桌前吃比萨饼。维托利奥听说我正在读《苏菲的世界》，就告诉我，如果有问题可以随时去找他。不过，不是我先给他打的电话，在妈妈告诉他那个恐龙的故事之后，他先给我打了电话。不久之后，他送给了我一个杏仁巧克力恐龙。这只恐龙出现在了我们的通信中：维托利奥叫它“理念”，而我叫它“恐龙诺拉”。在我收到第一封哲学教授写来的信件时，感到这是一个重大的秘密，就和我的“朋友”苏菲一样。不过我可以给他回信，却不能给苏菲写信。

就这样，我们开始相互通信（直到现在，我们还一直这么做）。我在开头，并不知道我们的通信会被发表，直到我收到这个通信集的最后一封信，我才知道了这个出版计划。我当然认为这是一个很棒的主意，但考虑了很长时间。有几次我几乎想说不了，因为这毕竟是“我们的”通信！和其他人有什么关系呢？为什么要把我的想法公之于众呢？是为了让别人得出某种学术结论吗？不，我可不想这样。

可后来我想，也许我们的通信会给其他人，尤其是其他孩子，带去欢乐和勇气，促使他们思考关于我们的世界和这个世界的魔力，让他们在未来变得更强大、更有勇气，能够勇敢面对冷漠和无情。我不知道我们是不是成功了，但我希望是这样。

那只小恐龙现在还在我身边，上面写着：“一只可爱的动物”！

诺拉·K.

结语二

哲学对话是一种游戏[①]

我在十岁的时候认识了维托利奥，那时候妈妈正在跟他学习哲学。妈妈是个求知欲旺盛的人，她想知道一切，了解一切。她领悟力很强，也有一点儿性急，于是不断学习新知识，从一点跳到另一点。她总是在买书和订书，为自己和阅读争取时间。我们家里也总是人来人往，大家都需要她，我们这些孩子当然也是。有时候她不得不锁上自己的房间门，我们会尽量克制，给她自己的空间。可是，我们会觉得等候在她房门前的时间很漫长，很想成为她世界的一部分，于是我们学会了问问题。后来，她发现如果能找到合适的书，就可以和我们一起来阅读。我常常回想起周末和她一起躺在床上，她为我读"苏菲的世界"的情景，多么美好的时光。

---

① 这篇结语由诺拉写于 2022 年 3 月，篇名为编者所加。——编注

也是在这段时间里，维托利奥第一次来访。我在1996年的后记中写道，还记得他第一次见到我的样子，微笑着把头一歪，这个画面还一直在我眼前。维托利奥精力充沛，他有一种使所有谈话变得有趣的能力。他能够全神贯注于一个想法，不断推进，直到它的内在本质呈现，直到它与其他观点的关系清晰地出现在眼前。对我提出的问题，他会全身心地投入，我的问题究竟在哪里，我的观点是什么，我是否知道他人对这个问题的看法，等等。他从不会觉得孩子们的问题太多。后来，我见过他和自己的孩子在一起，他们不停地问啊问啊，他就不停地回答，好像停不下来，一点儿也不觉得烦。他沉浸在对话中，有时候他的孩子似乎以考验他耐心的极限为乐。但是他其实不需要多少耐心，因为这些问题都是他真正感兴趣的。虽是些孩子气的问题，但总会指向些有意思的东西。他说话很快，偶尔会停下来，盯着地板思考，然后说："这是一个好问题。"

开始的时候，我认为哲学首先是一种接近别人的方式。哲学思考意味着，专注于他人的思想，而后提出一个别人感兴趣的问题，因为这会让对方继续思考，让自己的思想变得对别人重要，也让双方的思想从此交织在一起。当然，哲学问题在内容上也是极其有趣的，但它们比其他类型的问题更适合这种"敲开他人思想大门"的游戏。要参加这种游戏，人们也无须对世界了解许多，孩子也可以参加。我称之为“游戏”，是因为好的哲学对话具有一种特有的美妙的轻盈。哲学对话也有可能失败，也就是说，对话是有风险的。并非每个问题都是引人入胜的好问题，也不是任何时候人们都能够马上便相互理解，交流也可能会失败，这让人感觉不好。

在这段时间里，我第一次有了独立的感觉。我不确定是否真的比之前要更加独立了。小孩子的内心往往具有令人惊讶的独立性，甚至常常胜过成年人。通过哲学思考和阅读，我第一次感受到了独立的乐趣，我享受独处的乐趣。当然我还有很多无法理解的问题，只能称得上是对哲学思想有所涉猎，但从中获得的乐趣已经会让我愉快和沉静好多天，不需要额外的消遣。独处的时间变得充实了。世界上存在着真正的认识，可以与他人分享，这种观念会让人感到充实，与其他主体分享认识，而不是其他的东西，这是很特别的事情。

我们的通信是这段友谊和独立成长的一部分。那时候，我还不能独自阅读维托利奥的来信，因为他的笔迹很难辨认，而他没法使用电脑打字。尽管如此，我还是坚持要独立思考和独立回复他的来信。我很享受这个过程，喜欢维托利奥带来的咖啡馆的故事，我也乐于回应，为他虚构了那些与哲学家灵魂的相逢。

在我们通信的最后阶段，我感觉到回信变得更困难了。维托利奥几乎总是收到信后立刻回复，而我需要更多的时间。这就形成了一个循环：我需要的时间愈多，就愈加感觉到回复的压力，这又使得我需要更多的时间。这种压力来自我自己，维托利奥从未对我施加任何压力，这也的确不是他的风格。想做或者应该做的事情，我却不去做，这种奇怪的感觉在蔓延，时间的流逝变得越来越确定，越来越不清晰，我逐渐失去了对于时间的某种真实感觉。问题的发生也许与我 13 岁时产生的疑问有关。正如信中大家读到的那样，我是一个信仰上帝的孩子，可就在我的坚信礼之前，我产生了疑问。这并不一定是因为哲学思考带来的，并不是因为我读到了质疑上帝存在的观点而产生了怀疑。更多的是原因在于，我对世界的经验不再如同儿时，儿时的世界里充满了奇妙的声音。

信件发表的经过我记得并不是很清楚，因为不久之后发生了很多变化。我进入了青春期，并不太愿意让我的朋友们将我与这些哲学通信联系起来。不久之后，我去了英国。维托利奥和他的家人去了美国。我们虽然还保持联系，但是很久没有再见面。直到大学毕业以后我们才又重逢，我还真的选择了哲学作为我的专业。

很难说清楚我对于信件发表的真实想法。一方面，维托利奥会将读者来信转给我，它们告诉我，这本书给孩子们带去了欢乐，他们心中有时也会升起同样的希望，就像当年的我，这让我很高兴。另一方面，对于青少年时期的我，这些信让我有些尴尬，至少是我的那部分，我希望能够删去一些，或是换一种表达。我当时并不知道，它们将会被发表，似乎缺少一道检查的工序。

这些年来的读者反馈逐渐安抚了我内心的不安。它们的确是这本小书带来的最美好的东西：这本书的读者是温和的，讲述自己的故事，分享自己的思想，我很感谢他们。维托利奥告诉我，在当前的可怕冲突开始前不久，这本书的乌克兰译本获得了一个童书奖。

这个世界上的所有孩子都应该有读书的时间，有可以分享自己思想的朋友。这是世界上最简单的事情，虽然我们还不得不为此而奋斗。

诺拉·克莱夫特

主要人物

为了便于小读者和大读者理解，这里特别编写了以下简介,介绍书中涉及的哲学家、思想家的生平和主要成就（以姓氏汉语拼音为序）。资料的主要来源是《中国大百科全书》（第二版），有的地方也参考了弗兰克·梯利的《西方哲学史》（葛力译，北京，2015 年）。

A

（大）阿尔伯特（Albertus Magnus，1193—1280），中世纪基督教神学家，最早建立了以亚里士多德哲学为基础的经院哲学体系。他的著名学生包括阿奎那和埃克哈特等。代表作：《宇宙的起因和过程》《论理智的统一性》《神学概要》等。

托马斯·阿奎那（Thomas von Aquin，1225/1227—1274），多明我会修士，中世纪最重要的经院哲学家，主要著作有《反异教大全》(约 1264)、《神学大全》(1265—1273)，他的神学和哲学学说通常被视为经院哲学的巅峰。

阿那克西曼德(Anaximander，公元前 611—前 547 或前 546)，古希腊米利都学派哲学家，撰写了古希腊第一部哲学著作《论自然》，但已佚失。

安萨里(Al-Ghazālī，1058—1111)，中世纪著名的伊斯兰教神学家、哲学家，伊斯兰教正统神学古典形式的集大成者，代表作为 6 卷本的巨著《宗教学科的复兴》。

安瑟伦(Anselmus，1033—1109)，又译安瑟尔谟，欧洲中世纪经院哲学家、神学家，极端的实在论者，代表作为《独白》《宣讲》《神何以成人》。

(希波的)奥古斯丁(Augustinus of Hippo，353—430)，早期基督教神学家、拉丁教父的重要代表。主要作品有《忏悔录》《上帝之城》等。

B

巴门尼德(Parmenides，盛年约公元前 504)，古希腊哲学爱利亚学派的创始人，代表作为长诗《论自然》，现只有残篇。

乔治·贝克莱（George Berkeley，1685—1753），英国哲学家、主教，西方近代主观唯心主义哲学的主要代表人物，代表作有《人类知识原理》（1710）等。

弗朗切斯科·彼特拉克（Francesco Petrarca，1304—1374），意大利学者、诗人和人文主义者，以十四行诗著称，代表作为《歌集》，与但丁、薄伽丘并称“文艺复兴三杰”。

柏拉图（Platon，公元前427—前347），古希腊著名哲学家，苏格拉底的学生。他最著名的哲学主张是“理念论”。代表作：《理想国》《斐多》等。

雅各布·波墨（Jakob Böhme，1575—1624），德国哲学家、神秘主义和泛神论的代表。代表作：《曙光》《伟大的神秘》等。

法尔卡斯·波约伊（Farkas Bolyai，1775—1856），匈牙利数学家。

亚诺·波约伊（János Bolyai，1802—1860），匈牙利数学家，数学家法尔卡斯·波约伊之子，非欧几何的研究先驱。

马丁·布伯（Martin Buber，1878—1965），奥地利－以色列犹太哲学家、教育家、翻译家，代表作《我与你》（1923）中提出了“关系本体论”。

雅各布·布克哈特（Jacob Burckhardt，1818—1897），瑞士艺术史和文化史学家，代表作有《意大利文艺复兴时期的文化》（1860）和《希腊文化史》（1898—1902）。

C

查拉图斯特拉（Zarathusthra，公元前 628—前 551），古波斯贵族，琐罗亚斯德教的创始人。尼采以他为原型提出了超人学说。

D

查尔斯·R. 达尔文（Charles Robert Darwin，1809—1882），英国生物学家，进化论的主要奠基人，著有《物种起源》（1859）。

狄奥提玛（Diotima，盛年约公元前 440），柏拉图《会饮篇》中参与哲学讨论的古希腊女祭司。

勒内·笛卡尔（René Descartes，1596—1650），法国哲学家，西方近代哲学的创始人之一，二元论者、唯理论者。

（锡诺帕的）第欧根尼（Diogenes von Sinope，公元前 404？—前 323），古希腊犬儒学派的主要代表和实践上的拥护者，主张“返归自然”，代表作有《国家》。

F

法拉比（al-Fārābī，872？—950），阿拉伯哲学家、数学家和音乐理论家，以汇编和注释亚里士多德的著作闻名。

约翰·戈特利布·费希特（Johann Gottlieb Fichte，1762—1814），德国哲学家、政治思想家，曾任柏林大学第一任校长。代表作：《一切天启的批判》（1792）、《全部知识学的基础》（1794）和《自然法权的基础》（1796）。

西格蒙德·弗洛伊德（Sigmund Freud，1856—1939），奥地利精神病医生、心理学家，精神分析学派的创始人。代表作：《梦的解析》（又译《梦的释义》《释梦》，1900）、《自我与本我》（1923）等。

G

高尔吉亚（Gorgias，公元前483?—前375），古希腊哲学家、修辞学家、智术师，代表作有《论非存在，或论自然》《海伦赞》《帕拉梅德辩护词》，今仅余少量残篇。

约翰·沃尔夫冈·冯·歌德（Johann Wolfgang von Goethe，

1749—1832），德国著名诗人、剧作家和思想家，代表作有戏剧《铁手骑士葛兹·冯·贝利欣根》（1773）、书信体小说《少年维特之烦恼》（1774）和戏剧《浮士德》（1797—1833）等。

H

马丁·海德格尔（Martin Heidegger，1889—1976），德国哲学家，现象学代表人物之一。代表作有《林中路》《存在与时间》等。

赫拉克利特（Heraklit，公元前535—前475），古希腊爱菲斯学派哲学家，辩证法大师，认为万物都处于流变中。代表作有《自然论》。

格奥尔格·威廉·弗里德里希·黑格尔（Georg Wilhelm Friedrich Hegel，1770—1831），德国古典哲学家，主张客观唯心主义和辩证法。代表作：《精神现象学》（1807）、《逻辑学》（1812—1816）、《哲学全书》（1817）和《法哲学原理》（1821）。

托马斯·霍布斯（Thomas Hobbes，1588—1679），英国哲学家、政治思想家，是近代自然法与社会契约论的代表人物。代表作：《利维坦》（1651）、《论人》（1658）。

J

马丁·路德·金（Martin Luther King，1929—1968），美国民权运动领袖，1963 年的以反种族歧视为主要内容的演讲《我有一个梦想》影响深远。

K

伊曼努尔·康德（Immanuel Kant，1724—1804），德国哲学革命的开创者，德国古典哲学的奠基者，代表作被称为“三大批判”:《纯粹理性批判》（1781）、《实践理性批判》（1788）和《判断力批判》（1790）。

索伦·克尔恺郭尔（Søren Kierkegaard，1813—1855），丹麦神学家、哲学家，存在主义的先驱，代表作有《非此即彼》（1843）、《恐惧与战栗》（1844）、《哲学片段》（1844）和《最后的非科学预言》（1846）等。

劳伦斯·科尔伯格（Lawrence Kohlberg，1927—1987），美国儿童发展心理学家，提出“道德发展阶段论”，代表作为《道德发展的哲学》（1981）、《儿童心理学和儿童教育》（1987）等。

卢西安诺·德·克雷申索（Luciano de Crescenzo，1928—2019），意大利当代哲学家、散文作家、编剧，以研究古希腊哲学和思想著称。

贝内戴托·克罗齐（Benedetto Croce，1866—1952），意大利哲学家、美学家、文学批评家、历史学家，他将艺术和美视为主观情感的外化。代表作:《美学原理》(1902)。

库萨的尼古拉（Nikolaus von Kues，1401—1464），文艺复兴初期的德国哲学家，曾任红衣主教，代表作:《有学识的无知》(1440)、《论预测》(1440)和《论和平或信仰的和谐》(1453)。

L

戈特弗里德·莱布尼茨（Gottfried Wilhelm Leibniz，1646—1716），德国数学家、哲学家、图书馆学家，代表作有《单子论》《神正论》。

拉曼·卢利（Raimundus Lullus，1232—1315/1316），西班牙哲学家和科学家，被认为是传奇的炼金术师，试图将基督教教义理性化，主张基督教与犹太教和伊斯兰教的对话。著作有《简要学问》《大学问》等。

约翰·洛克（John Locke，1632—1704），英国经验论哲学家，代表作有《人类理智论》(1690)、《政府论》(1689)和《论宽容的信札》(1689—1692)。

M

尼科洛·马基雅维利(Niccolò Machiavelli，1469—1527)，意大利文艺复兴时期的政治思想家、历史学家，近代西方政治学的奠基人。他的政治和伦理思想集中反映在《君主论》中。

杰拉多·马洛塔(Gerardo Marotta，1927—2017)，意大利当代法学家、律师和哲学研究资助人，创立了意大利那不勒斯哲学研究所。

迈蒙尼德(Maimonides，1135—1204)，犹太教律法学者、哲学家、医生。他因首次尝试编著简明实用的口传法典《律法复述》而博得“伟大的律法学家”的声誉。

N

弗里德里希·尼采(Friedrich Nietzsche，1844—1900)，德国哲学家，唯意志论的主要代表。主要著作有《悲剧的诞生》(1872)、《人性的，太人性的》(1878)、《曙光》(1881)、《快乐的科学》(1882)、《查拉图斯特拉如是说》(1883—1891)，遗作《权力意志》基于其生前的笔记完成。

P

让·皮亚杰（Jean Piaget，1896—1980），著名的瑞士儿童心理学家、哲学家，提出认知发展论。代表作:《生物学与认知》《儿童的语言和思维》等。

普罗提诺（Plotinos，205—270），又译柏罗丁，古罗马帝国时期哲学家，新柏拉图学派最著名的代表。他主张万物的本原是太一，人生的目的就是返归太一。

R

卡尔·古斯塔夫·荣格（Carl Gustav Jung，1875—1961），瑞士心理学家、精神科医师，分析心理学的创始者，代表作为《心理类型》(1921)。

S

让-保罗·萨特（Jean-Paul Sartre，1905—1980），法国当代哲学家、作家、评论家，存在主义的代表人物之一，哲学著作有《存在与虚无》(1943)、《辩证理性批判》(第一部1960，第二部未完成)。

米歇尔·塞尔(Michel Serres,1930—2019),法国当代哲学家,

代表作有《自然契约》(1990)、《五种官能》(1985)、《赫尔墨斯》(1968—1980)和《万物本原》(1993)等。

马克斯·施蒂纳(Max Stirner，1806—1856)，德国哲学家，青年黑格尔学派的代表之一。

特奥多尔·施托姆(Theodor Storm，1817—1888)，德国小说家和抒情诗人，德国“诗意现实主义”的杰出代表，代表作有《茵梦湖》和《白马骑士》。

阿图尔·叔本华(Arthur Schopenhauer，1788—1860)，德国哲学家，唯意志论的创始人，代表作有《论充足理由的四重根》(1813)、《作为意志和表象的世界》(1819)和《伦理学的两个基本问题》(1841)等。

苏格拉底(Sokrates，公元前469—前399)，古希腊哲学家，西方哲学的奠基者之一，他的思想通过学生柏拉图和色诺芬的记录而对后世影响巨大。

T

泰勒斯(Thales，公元前624或前623—前548至前544)，古希腊米利都学派创始人，西方哲学思想的开创者。

W

马克斯·韦伯（Max Weber，1864—1920），德国社会学家、政治经济学家和哲学家，社会行动理论的首倡者和现代社会学的奠基人。代表作有《新教伦理与资本主义精神》（1904—1905）、《儒教与道教》（1915）和《古代犹太教》（1917）。

贾巴蒂斯塔·维柯（Giambattista Vico，1668—1744），意大利历史学家、哲学家，西方历史哲学的奠基者，主要著作为《新科学》（1725）。

X

大卫·休谟（David Hume，1711—1776），英国经验主义哲学家（不可知论者）、历史学家，哲学代表作为《人性论》（1734—1737）。

Y

亚里士多德（Aristoteles，公元前384—前322），古希腊哲学的集大成者，首次将哲学与其他科学区别开来。他是柏拉图的学生，代表作有《工具论》《物理学》《形而上学》《伦理学》《政治学》等。

伊扎克拉比，即贝尔迪奇夫的列维·伊扎克（Levi Jizchak von Berditschew，1740—1809），犹太教哈西德教派的领袖之一。马丁·布伯曾翻译他的诗作，并深受他的启发。

汉斯·约纳斯（Hans Jonas，1903—1993），德国犹太裔哲学家、伦理学家和神学家，代表作为《责任原理》（1979）、《诺斯替与后期古典精神》（1934—1954）和《生命现象》（1997）等。